기초부터 다시 시작하는

왕초보
영어패턴
200+ 플러스

기초부터 다시 시작하는
왕초보 영어패턴 200 플러스

지은이 박신규
펴낸이 임상진
펴낸곳 (주)넥서스

초판 1쇄 발행 2014년 3월 15일
초판 10쇄 발행 2017년 2월 20일

2판 1쇄 발행 2017년 9월 25일
2판 13쇄 발행 2025년 1월 20일

출판신고 1992년 4월 3일 제311-2002-2호
주소 10880 경기도 파주시 지목로 5
전화 (02)330-5500 팩스 (02)330-5555

ISBN 979-11-6165-125-5 13740

저자와 출판사의 허락 없이 내용의 일부를
인용하거나 발췌하는 것을 금합니다.
저자와의 협의에 따라서 인지는 붙이지 않습니다.

가격은 뒤표지에 있습니다.
잘못 만들어진 책은 구입처에서 바꾸어 드립니다.

이 도서의 국립중앙도서관 출판예정도서목록(CIP)은
서지정보유통지원시스템 홈페이지(http://seoji.nl.go.kr)와
국가자료공동목록시스템(http://www.nl.go.kr/kolisnet)에서 이용하실 수 있습니다.
(CIP제어번호 : CIP2017023618)

www.nexusbook.com

기초부터 다시 시작하는

왕초보
영어패턴
200+ 플러스

박신규 지음

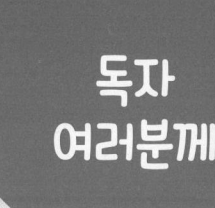

독자 여러분께

+ 영어회화는 패턴으로 시작된다!

거의 20년 넘게 현장에서 영어회화와 토익을 강의하면서 느끼는 점이 있습니다. 토익 시험에서 확실하게 적용되는 문제풀이 방법이 있다면, 영어회화에서도 마치 공식(!)처럼 적용되는 비법이 있다는 점입니다. 어느 상황에서도 적절하게 활용할 수 있는 '패턴'을 말합니다. 영어회화를 처음 접하는 왕초보들은 네이티브들이 평소에 자주 사용하는 '패턴'을 우선 학습해야 합니다. 익혀야 할 패턴이 너무 많지만, 네이티브들이 일상생활에서 빈번하게 사용하는 패턴만 200가지로 정리해서 이 책에 실어 두었습니다. 미국 드라마나 영화에서도 자주 나오는 패턴들입니다.

+ 일 년의 긴 시간을 두고 집필!

오랫동안 여러 권의 영어회화 책을 집필했고 출간했습니다. 하지만 이 책만큼 긴 시간을 두고 자료 정리와 집필을 한 적이 없습니다. 일 년이라는 시간이 걸렸습니다. 학습자 입장에서 충분히 생각하고 집필하고 수정했습니다. 영어회화 수업 시간에 패턴 하나하나 표현 하나하나 미리 학습하고 의견도 들었습니다. 어렵다고 느껴지는 패턴과 표현들은 과감히 생략했습니다. 단어도 중학교 영어 교과서에서 볼 수 있는 수준으로 뽑았습니다. 총 4개의 파트로 정리했습니다. I(나), You(너), It(삼인칭) 그리고 5W1H(육하원칙)을 말합니다.

+ 짧지만 상황에 맞는 정확한 표현들을 익힌다!

무조건 길고 장황하게 말한다고 유창한 영어회화가 아닙니다. 상황에 맞는 정확한 패턴과 표현을 써야 합니다. 짧지만 정확한 표현을 익혀야 합니다. 이 책 속에 나온 표현들을 눈으로 훑어보면 쉽다는 느낌이 들 것입니다. 하지만 우리말 해석을 보고 영어로 말하려면 쉽게 입 밖으로 나오지 않을 겁니다. 영어회화는 눈이 아니라 바로 입으로 말하는 것입니다. 입이 즐거워지면 귀도 즐거워집니

다. 어렵게 느껴지는 패턴과 표현은 나중으로 미루면 됩니다. 쉬운 패턴과 표현을 먼저 선택해서 학습한 후, 난이도를 점점 높여가면 그것으로 충분합니다. 큰 소리로 따라 읽다 보면 나도 모르는 사이에 새로운 패턴이나 표현들을 몸으로 자연스럽게 받아들이게 됩니다.

아무쪼록 이 책이 영어회화를 처음 접하는 분들에게 조금이나마 도움이 되었으면 좋겠습니다.
Don't Settle, Keep Looking! 정말 좋아하는 글귀입니다.

Thanks to···

이 책이 출간될 때까지 많은 도움을 주셨던 분들에게 감사드립니다.
- 정말 멋있는 책이 출간되도록 많은 도움을 주신 넥서스 출판사 관계자 여러분
- 항상 제 곁에서 큰 힘이 되는 부모님과 가족들
- 일본에서 열심히 사업에 여념이 없는 동생 영규와 제수씨 리에, 그리고 귀여운 조카 한일이
- 책 집필에 많은 도움을 준 Timothy Suh
- 대학 졸업 이후에도 여전히 끈끈한 우정을 나누고 있는 영어영문학과 동기들
- 나에게는 정말 소중한 친구들, 기화와 욱현
- 청주에서 열심히 영어 강의를 하고 있는 인피니트 어학원 원장 우재민
- 4년이란 긴 시간 동안 영어회화 수업에 참여하면서 누구보다도 더 열성적으로 영어 공부를 하셨던 '이천 여성 문화 대학' 어머님들
- 업무에 많이 지쳐 있지만 꾸준히 영어회화, 토익 수업에 열심히 참여해 주시고 계신 SK 하이닉스 임직원 여러분

이분들이 있기에 지금도 마음껏 영어 강의를 할 수가 있습니다. 정말 감사합니다.

저자 박신규

이 책 사용 설명서

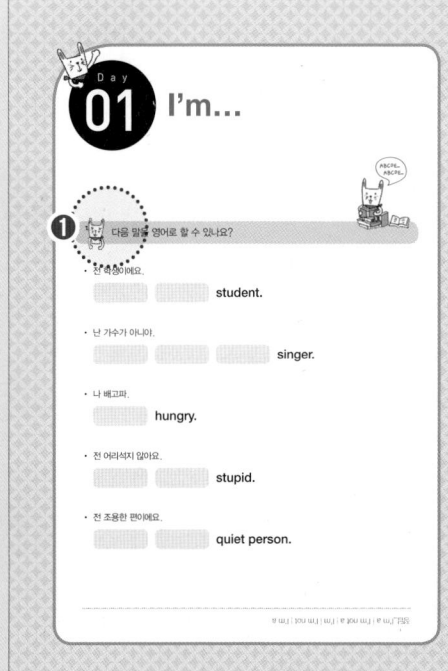
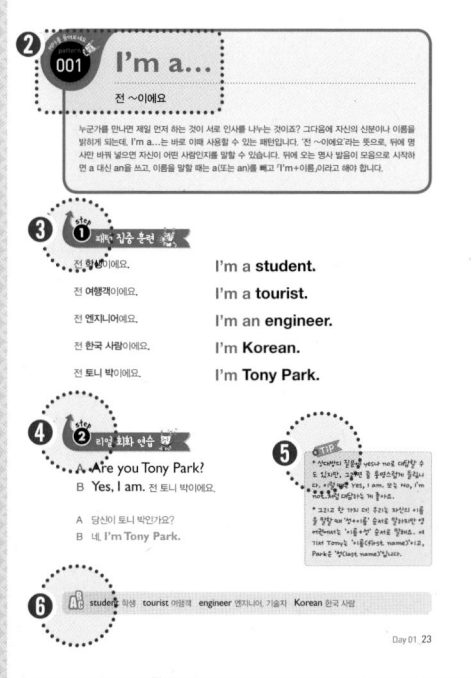

아는 패턴 확인하기

각 Unit의 첫 페이지에서는 각 단원에서 다룰 패턴들을 영어로 말해 보도록 하고 있습니다. 이것을 영어로 말할 수 있다면 당신은 이미 그 패턴을 알고 있고, 이를 활용해서 다양한 상황에 필요한 말을 할 수 있는 것입니다. 먼저 '아는 패턴'을 제대로 알고 있는지 빠르게 확인하고, 그다음 답할 수 없었던 '모르는 패턴'을 찬찬히 공부합니다.

패턴 활용법 확인하기

패턴이 어떤 상황에서 어떤 뉘앙스로 쓰이는지를 알려 줍니다. 또한 어떤 품사나 성분이 함께 쓰이는지 (명사가 오는지 '주어+동사'가 오는지) 등의 활용 형태도 같이 알려 줍니다.

pattern 200+

Step 1 패턴 집중 훈련

문장을 통해 패턴의 쓰임을 익힙니다. 본격적인 패턴 훈련의 1단계죠. 일상생활에서 가장 많이 쓰는 패턴들을 이용한 문장들로, 외워 두면 바로 쓸 수 있는 표현들입니다. 복습할 때는 오른편의 영어 문장을 가린 다음, 왼편의 우리말만 보고 영어로 말해 보세요.

Step 2 리얼 회화 연습

다이얼로그를 통해 패턴이 어떤 상황에서 쓰이는지 확인하고 우리말로 되어 있는 부분을 영어로 말해 봅니다. 그다음에는 반대로 우리말을 보면서 영어로 말하는 연습을 해 봅시다. 짧고 간단한 문장이라도 입으로 말하는 연습을 하지 않으면 아무리 공부해도 영어로 한마디 하기 어렵습니다. 큰 소리로 따라 읽는 연습을 반복하고 공부한 패턴을 어떤 상황에서 어떻게 적용할 수 있는지 익혀 보세요.

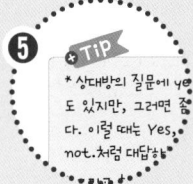

Tips 확인하기

같이 알아두면 좋은 내용들을 설명했습니다. 쉬워 보여도 막상 영어로 말하려면 잘 떠오르지 않는 표현들, 영어회화에 자주 쓰는 유용한 표현들, 왕초보 탈출에 필요한 표현들입니다.

단어 정리

각 페이지에 나온 단어들을 정리했습니다. 단어 뜻은 예문에 쓰인 것을 우선적으로 적었습니다. 왕초보 수준에 딱 맞춘, 주로 초등~중1 수준의 어휘들입니다.

복습문제 풀어 보기

'패턴훈련편'을 공부한 다음 '복습문제편'의 연습문제를 풀면서 실력을 확인합니다. 40일 구성으로, 하루에 5개 패턴을 학습하도록 구성되어 있습니다. 〈보기〉를 참고하여 빈칸에 들어갈 말을 적어 보세요. 동사의 형태를 바꿔야 하는 문제도 있으니 주의하세요.

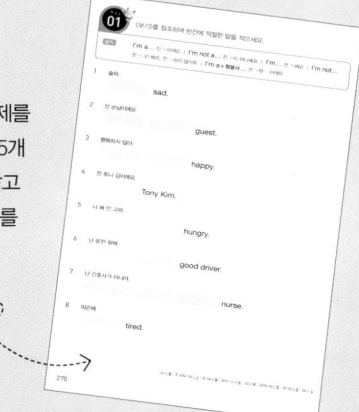

무료 학습자료 100% 활용법

1. 스마트폰에서 바로 확인할 때

 QR코드를 스마트폰으로 스캔하면
MP3 파일과 동영상 자료를 바로 확인할 수 있습니다.

- 원어민 선생님의 정확한 발음을 들어 보세요.
- 저자 선생님이 패턴의 뉘앙스와 쓰임새를 친절하게 설명해 줍니다. 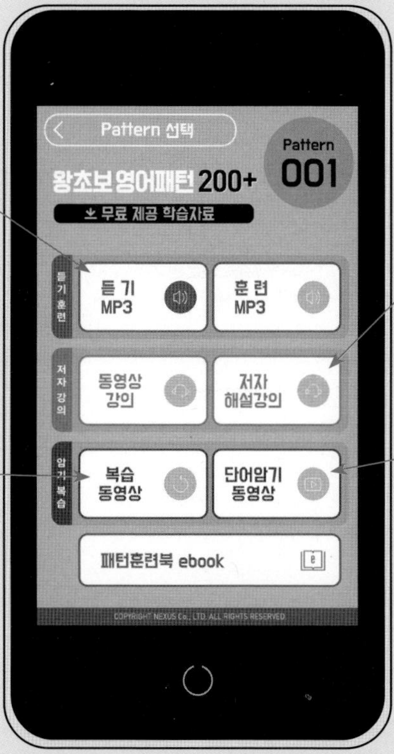
- 일상생활에서 활용도 만점인 step 1 문장만은 꼭 외워 주세요~! 문장들을 통암기할 수 있도록 구성되어 있습니다.
- 본책의 주요 단어와 표현들을 동영상을 보면서 암기해 보세요.

pattern 200+

2. 컴퓨터에서 다운받을 때

넥서스 홈페이지(www.nexusbook.com)에서 도서명으로 검색하시면
구매 인증을 통해 부가자료를 무료로 다운받을 수 있습니다.

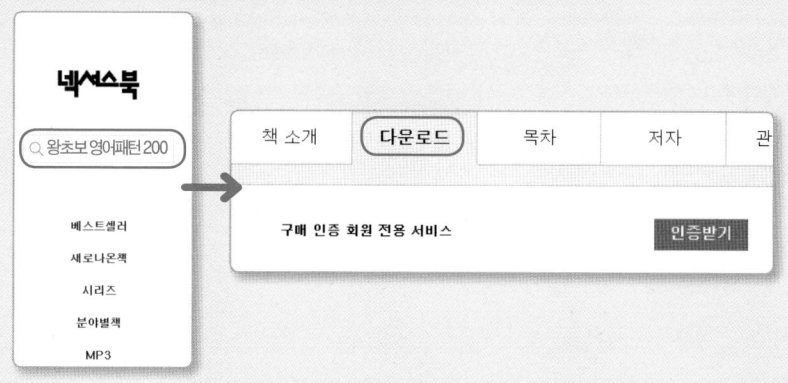

저자 직강 녹음 강의
www.nexusbook.com에서 저자 선생님이 직접 녹음한 생생한 강의를
다운로드 받아 함께 들어 보세요. 팟캐스트로도 들을 수 있습니다.

저자 직강 동영상 강의
듣는 것뿐 아니라 모바일로 보면서 공부할 수 있도록 동영상 강의도 함께 제공합니다.
QR코드를 찍으면 바로 팟캐스트로 이동합니다.

패턴 훈련북 ebook (온라인 무료 제공)
각 패턴과 주요 표현을 간편하게 볼 수 있도록 패턴 훈련북을 제공합니다.

듣기 MP3
본책의 내용을 그대로 녹음한 MP3 파일입니다. 한국인 성우와 외국인 성우가 동시
녹음하였으며, 생생하게 액팅하여 보다 정확한 발음을 확인할 수 있습니다.

훈련 MP3
Step 1의 문장들이 녹음되어 있습니다. 네이티브의 음성을 듣고 따라서
말하는 연습을 할 수 있도록 구성되어 있습니다.

복습 동영상
활용도가 높은 Step 1의 문장들을 통암기할 수 있도록 구성되어 있습니다.

단어암기 동영상
본책에 나온 주요 단어와 표현들을 쉽게 외울 수 있도록 도와줍니다.

자가진단 학습 진도표

PART 1

Day 01	I'm…		페이지	공부한 날	
001	I'm a… 전 ~이에요		23	월	일
002	I'm not a… 전 ~이 아니에요		24	월	일
003	I'm… 전 ~해요		25	월	일
004	I'm not… 전 ~ 안 해요, 전 ~하지 않아요		26	월	일
005	I'm a+형용사… 전 ~한 …이에요		27	월	일
Day 02	**I'm + 형용사/부사 (1)**		**페이지**	**공부한 날**	
006	I'm so… 매우 ~해요		29	월	일
007	I'm really… 정말 ~해요		30	월	일
008	I'm a little… 좀 ~해요		31	월	일
009	I'm good at… ~을 잘해요		32	월	일
010	I'm not good at… ~을 잘 못해요		33	월	일
Day 03	**I'm + 형용사/부사 (2)**		**페이지**	**공부한 날**	
011	I'm interested in… ~에 관심 있어요		35	월	일
012	I'm not interested in… ~에 관심 없어요		36	월	일
013	I'm worried about… ~이 걱정돼요		37	월	일
014	I'm not worried about… ~에 대해 걱정 안 해요		38	월	일
015	I'm tired of… ~이 지겨워요		39	월	일
Day 04	**I'm + 형용사 + to…**		**페이지**	**공부한 날**	
016	I'm lucky to… ~해서 전 운이 좋아요, ~해서 다행이에요		41	월	일
017	I'm sorry to… ~해서 죄송해요		42	월	일
018	I'm glad to… ~해서 기뻐요		43	월	일
019	I'm ready to[for]… ~할 준비가 됐어요		44	월	일
020	I'm not ready to[for]… ~할 준비가 안 됐어요		45	월	일
Day 05	**I'm… 기타**		**페이지**	**공부한 날**	
021	I'm here to… ~하러 왔어요		47	월	일
022	I'm about to… 막 ~하려던 참이에요		48	월	일
023	I'm able to… ~할 수 있어요		49	월	일

pattern 200+

024	I'm in… 전 ~한 상태예요, 전 ~ 안에 있어요	50	월 일
025	I'm (비교급) than… 전 …보다 더 ~해요	51	월 일

Day 06	I'm -ing (1)	페이지	공부한 날
026	I'm just -ing 그냥 ~하는 거예요	53	월 일
027	I'm not -ing ~하는 거 아니에요, ~하지 않을 거예요	54	월 일
028	I'm going to… ~할 거예요, ~에 가는 중이에요	55	월 일
029	I'm not going to… ~하지 않을 거예요	56	월 일
030	I'm calling to… ~하려고 전화했어요	57	월 일

Day 07	I'm -ing (2)	페이지	공부한 날
031	I'm planning to… ~할 계획이에요, ~할 생각이에요	59	월 일
032	I'm not planning to… ~할 계획은 없어요, ~할 생각은 아니에요	60	월 일
033	I'm trying to… ~하려고 노력 중이에요	61	월 일
034	I'm trying not to… ~하지 않으려고 노력 중이에요	62	월 일
035	I'm not finished -ing ~이 안 끝났어요	63	월 일

Day 08	I was…	페이지	공부한 날
036	I was… 전 ~했어요	65	월 일
037	I was not… 전 ~하지 않았어요	66	월 일
038	I was -ing 전 ~하고 있었어요	67	월 일
039	I was going to… 전 ~하려고 했어요, 전 ~에 가는 중이었어요	68	월 일
040	I was surprised to… ~해서 놀랐어요	69	월 일

Day 09	I want…	페이지	공부한 날
041	I want… ~을 원해요, ~하고 싶어요	71	월 일
042	I don't want… ~을 원하지 않아요, ~하고 싶지 않아요	72	월 일
043	I want to… ~하고 싶어요, ~하면 좋겠어요	73	월 일
044	I don't want to… ~하고 싶지 않아요	74	월 일
045	I just wanted to… 단지 ~하고 싶었을 뿐이에요	75	월 일

Day 10	I like…	페이지	공부한 날
046	I like… ~이 좋아요, ~이 마음에 들어요	77	월 일
047	I like to…/-ing ~하길 좋아해요	78	월 일
048	I don't like to…/-ing ~하는 거 안 좋아해요	79	월 일
049	I didn't like to…/-ing ~하는 거 안 좋아했어요	80	월 일
050	I would like to… ~하고 싶어요	81	월 일

Day 11	I have…	페이지	공부한 날	
051	I have no… ~이 없어요	83	월	일
052	I don't have… ~이 없어요	84	월	일
053	I didn't have… ~이 없었어요	85	월	일
054	I have to… ~해야 해요	86	월	일
055	I don't have to… ~할 필요 없어요, ~하지 않아도 돼요	87	월	일

Day 12	I think… / I know…	페이지	공부한 날	
056	I think I… ~인 것 같아요	89	월	일
057	I don't think I… ~인 것 같지 않아요	90	월	일
058	I thought (that)… ~라고 생각했어요, ~인 줄 알았어요	91	월	일
059	I know… ~을 알아요	92	월	일
060	I don't know… ~을 몰라요	93	월	일

Day 13	I + 과거동사	페이지	공부한 날	
061	I felt… ~한 기분이 들었어요, (기분이) ~했어요	95	월	일
062	I used to… (예전에) ~하곤 했어요	96	월	일
063	I stopped -ing ~하는 거 그만뒀어요	97	월	일
064	I heard… ~을 들었어요	98	월	일
065	I forgot… ~을 잊었어요	99	월	일

Day 14	I can…	페이지	공부한 날	
066	I can… ~할 수 있어요	101	월	일
067	I can't… ~ 못해요	102	월	일
068	I can't remember… ~이 기억이 안 나요, ~이 생각 안 나요	103	월	일
069	I couldn't… ~ 할 수 없었어요	104	월	일
070	Can I…? ~해도 돼요?	105	월	일

Day 15	기타 필수 패턴	페이지	공부한 날	
071	I enjoy -ing ~이 즐거워요	107	월	일
072	I feel like -ing ~하고 싶어요	108	월	일
073	I don't have time to… ~할 시간이 없어요	109	월	일
074	I don't mind -ing ~해도 상관없어요, ~해도 괜찮아요	110	월	일
075	I will… ~할 거예요	111	월	일

pattern 200+

PART 2

Day 16	You're…		페이지	공부한 날	
076	You're… 당신은 ~해요		115	월	일
077	You're not… 당신은 ~하지 않아요		116	월	일
078	You're so… 당신은 매우 ~해요		117	월	일
079	You're a little… 당신은 좀 ~해요		118	월	일
080	You're -ing 당신은 ~하는 거예요		119	월	일
Day 17	Are you…?		페이지	공부한 날	
081	Are you a…? 당신은 ~이에요?		121	월	일
082	Are you…? 당신은 ~해요?		122	월	일
083	Aren't you…? 당신은 ~하지 않아요?		123	월	일
084	Are you really…? 정말 ~해요?		124	월	일
085	Are you good at…? 당신은 ~을 잘해요?		125	월	일
Day 18	Are you -ing?		페이지	공부한 날	
086	Are you -ing? ~하고 있는 거예요?, ~할 거예요?		127	월	일
087	Are you going to…? ~할 거예요?, ~에 가는 중이에요?		128	월	일
088	Are you saying that…? ~이라는 말인가요?		129	월	일
089	Are you trying to…? ~하려고 노력 중이에요?		130	월	일
090	Are you planning to…? ~할 계획이에요?, ~할 거예요?		131	월	일
Day 19	Do you…? (1)		페이지	공부한 날	
091	Do you…? ~해요?		133	월	일
092	Don't you…? ~하지 않아요?		134	월	일
093	Did you…? ~했어요?		135	월	일
094	Do you like to…/-ing? ~하는 거 좋아해요?		136	월	일
095	Do you feel like -ing? ~할래요?, ~하고 싶어요?		137	월	일
Day 20	Do you…? (2)		페이지	공부한 날	
096	Do you want…? ~을 원해요?		139	월	일
097	Do you want to…? ~하고 싶어요?, ~할래요?		140	월	일
098	Do you mind -ing? ~해도 괜찮겠어요?		141	월	일
099	Do you need…? ~이 필요해요?		142	월	일
100	Do you know…? ~ 알아요?		143	월	일

Day 21	Do you have…?		페이지	공부한 날	
101	Do you have…?	~있어요?	145	월	일
102	Did you have…?	~있었나요?	146	월	일
103	Don't you have…?	~있는 거 아니에요?	147	월	일
104	Do you have any…?	무슨 ~라도 있어요?	148	월	일
105	Do you have to…?	~해야 하나요?	149	월	일
Day 22	You…		페이지	공부한 날	
106	You look…	~해 보여요	151	월	일
107	You can…	~해도 돼요, ~할 수 있어요	152	월	일
108	You'd better…	~하는 게 좋겠어요	153	월	일
109	You should…	~해야 해요	154	월	일
110	You shouldn't…	~하지 마세요, ~하면 안 돼요	155	월	일
Day 23	Can you…?		페이지	공부한 날	
111	Can you…?	~해 줄래요?	157	월	일
112	Can't you…?	~할 수 없어요?	158	월	일
113	Can you give me…?	~좀 줄래요?	159	월	일
114	Can you tell me…?	~좀 말해 줄래요?, ~을 알려 줄래요?	160	월	일
115	Could you…?	~해 주시겠어요?	161	월	일
Day 24	Would you…?		페이지	공부한 날	
116	Would you…?	~해 주시겠어요?	163	월	일
117	Would you mind -ing?	~해도 괜찮겠어요?, ~해 주시겠어요?	164	월	일
118	Would you like…?	~하시겠어요?, ~좀 드릴까요?	165	월	일
119	Would you like to…?	~하시겠어요?	166	월	일
120	Would you like me to…?	제가 ~해 드릴까요?	167	월	일
Day 25	Have you…?		페이지	공부한 날	
121	Have you…?	~했어요?, ~해 봤어요?	169	월	일
122	Have you heard…?	~들었어요?	170	월	일
123	Have you seen…?	~을 본 적 있어요?	171	월	일
124	Have you done…?	~다 했어요?	172	월	일
125	Have you ever…?	~해 본 적 있어요?	173	월	일

pattern 200+

PART 3

Day 26	It's…		페이지	공부한 날	
126	It's…	~해요	177	월	일
127	It's too…	너무 ~해요	178	월	일
128	It's a little…	좀 ~해요	179	월	일
129	It's worth…	~할 가치가 있어요	180	월	일
130	It's going to…	~할 거예요	181	월	일
Day 27	It…		페이지	공부한 날	
131	It's…, isn't it?	~하죠, 그렇지 않아요? / ~하죠, 안 그래요?	183	월	일
132	It looks…	~해 보여요	184	월	일
133	It looks like…	~처럼 보여요, ~인 것 같아요	185	월	일
134	It doesn't…	~하지 않아요	186	월	일
135	Does it…?	그거 ~해요?	187	월	일
Day 28	Is it…?		페이지	공부한 날	
136	Is it really…?	정말 ~해요?	189	월	일
137	Isn't it…?	~ 아니에요?, ~하지 않아요?	190	월	일
138	Isn't there…?	~이 있지 않나요?	191	월	일
139	Is it okay if I…?	~해도 될까요?	192	월	일
140	Is it all right to…?	~해도 괜찮을까요?	193	월	일
Day 29	This is… / There is…		페이지	공부한 날	
141	This is…	이건 ~예요, 이건 ~해요	195	월	일
142	That's…	그건 ~예요, 그건 ~해요	196	월	일
143	Is this your…?	이거 당신 ~인가요?	197	월	일
144	There is[are]…	~[들]이 있어요	198	월	일
145	There is no…	~이 없어요	199	월	일
Day 30	명령 / 제안		페이지	공부한 날	
146	Don't…	~하지 마요	201	월	일
147	Don't be so…	너무 ~하지 마요, 그렇게 ~하지 마요	202	월	일
148	Stop -ing	~ 좀 하지 마요, ~ 좀 그만해요	203	월	일
149	Let's…	~합시다	204	월	일
150	Let me…	제가 ~할게요	205	월	일

PART 4

Day 31	Who (1)		페이지	공부한 날	
151	Who…?	누가 ~?	209	월	일
152	Who is…?	~은 누구예요?	210	월	일
153	Who is your…?	당신의 ~은 누구예요?	211	월	일
154	Who is your favorite…?	가장 좋아하는 ~은 누구죠?	212	월	일
155	Whose… is this[that]?	이게[저게] 누구의 ~예요?	213	월	일

Day 32	Who (2)		페이지	공부한 날	
156	Who do you…?	누구를 ~해요?	215	월	일
157	Who did you…?	누구에게 ~했어요?, 누구를 ~했어요?	216	월	일
158	Who will…?	누가 ~할 거예요?	217	월	일
159	Who can…?	누가 ~할 수 있어요?	218	월	일
160	Who wants to…?	~할 사람?	219	월	일

Day 33	Where		페이지	공부한 날	
161	Where is[are]…?	~은 어디에 있어요?	221	월	일
162	Where are you -ing?	어디서 ~할 거예요?, 어디서 ~하는 거예요?	222	월	일
163	Where can I…?	어디서 ~할 수 있죠?	223	월	일
164	Where do you…?	어디서 ~해요?	224	월	일
165	Where did you…?	어디서 ~했어요?	225	월	일

Day 34	When (1)		페이지	공부한 날	
166	When is…?	~은 언제죠?	227	월	일
167	When is your…?	당신의 ~은 언제죠?	228	월	일
168	When are you -ing?	언제 ~할 거예요?	229	월	일
169	When are you going to…?	언제 ~할 거예요?	230	월	일
170	When can I…?	언제 ~할 수 있어요?	231	월	일

Day 35	When (2)		페이지	공부한 날	
171	When do you…?	언제 ~해요?	233	월	일
172	When did you…?	언제 ~했어요?	234	월	일
173	When do you plan to…?	언제 ~할 계획이에요?	235	월	일
174	When can you…?	언제 ~할 수 있어요?	236	월	일
175	When should I…?	언제 ~해야 하죠?	237	월	일

pattern 200+

Day 36	Why	페이지	공부한 날	
176	Why do you…? 왜 ~해요?	239	월	일
177	Why did you…? 왜 ~했어요?	240	월	일
178	Why didn't you…? 왜 ~ 안 했어요?	241	월	일
179	Why are you…? 왜 ~해요?	242	월	일
180	Why are you -ing? 왜 ~하고 있는 거예요?	243	월	일

Day 37	What (1)	페이지	공부한 날	
181	What is…? ~이 뭐예요?	245	월	일
182	What's your…? 당신의 ~이 뭐예요?	246	월	일
183	What's your favorite…? 가장 좋아하는 ~이 뭐예요?	247	월	일
184	What are you -ing? 무엇을 ~하고 있어요?	248	월	일
185	What are you going to…? 무엇을 ~할 건가요?	249	월	일

Day 38	What (2)	페이지	공부한 날	
186	What do you…? 무엇을 ~해요?	251	월	일
187	What did you…? 무엇을 ~했어요?	252	월	일
188	What do you think of…? ~은 어때요?, ~을 어떻게 생각해요?	253	월	일
189	What should I…? 뭘 ~해야 하죠?	254	월	일
190	What about…? ~ 어때요?	255	월	일

Day 39	How (1)	페이지	공부한 날	
191	How is…? ~은 어때요?, ~은 어떻게 지내요?	257	월	일
192	How was your…? ~은 어땠어요?	258	월	일
193	How are you going to…? 어떻게 ~할 거예요?	259	월	일
194	How much is…? ~은 얼마예요?	260	월	일
195	How about…? ~이 어때요?, ~하는 게 어때요?	261	월	일

Day 40	How (2)	페이지	공부한 날	
196	How do you…? 어떻게 ~해요?	263	월	일
197	How do you like…? ~은 어때요?, ~은 어떻게 해 드릴까요?	264	월	일
198	How often do you…? 얼마나 자주 ~하세요?	265	월	일
199	How should I…? 어떻게 ~해야 하죠?	266	월	일
200	How can I…? 어떻게 ~할 수 있어요?	267	월	일

복습문제편		268		

패턴훈련편

하루 5개씩 40일 동안 총 200개의 패턴을
공부하도록 되어 있습니다.

PART 1 DAY 01-15
PART 2 DAY 16-25
PART 3 DAY 26-30
PART 4 DAY 31-40

PART 1

PART 1에서는 **자신에 관해 이야기하는 패턴**을 공부할 거예요.
그런데 어떻게 자기 생각이나 느낌을
영어로 잘 표현할 수 있을까요?
물론 생각처럼 쉽지는 않을 거예요.
먼저 자신과 관련된 패턴들을 학습해 보세요.

pattern 200+

Day 01 I'm...

다음 말을 영어로 할 수 있나요?

- 전 학생이에요.
  ☐ ☐ student.

- 난 가수가 아니야.
  ☐ ☐ ☐ singer.

- 나 배고파.
  ☐ hungry.

- 전 어리석지 않아요.
  ☐ ☐ stupid.

- 전 조용한 편이에요.
  ☐ ☐ quiet person.

정답: I'm a | I'm not a | I'm | I'm not | I'm a

I'm a...

전 ~이에요

누군가를 만나면 제일 먼저 하는 것이 서로 인사를 나누는 것이죠? 그다음에 자신의 신분이나 이름을 밝히게 되는데, I'm a...는 바로 이때 사용할 수 있는 패턴입니다. '전 ~이에요'라는 뜻으로, 뒤에 명사만 바꿔 넣으면 자신이 어떤 사람인지를 말할 수 있습니다. 뒤에 오는 명사 발음이 모음으로 시작하면 a 대신 an을 쓰고, 이름을 말할 때는 a(또는 an)를 빼고 「I'm+이름」이라고 해야 합니다.

step 1 패턴 집중 훈련

전 학생이에요.	**I'm a student.**
전 여행객이에요.	**I'm a tourist.**
전 엔지니어예요.	**I'm an engineer.**
전 한국 사람이에요.	**I'm Korean.**
전 토니 박이에요.	**I'm Tony Park.**

step 2 리얼 회화 연습

A Are you Tony Park?
B Yes, I am. 전 토니 박이에요.

A 당신이 토니 박인가요?
B 네. **I'm Tony Park.**

TIP
* 상대방의 질문에 yes나 no로 대답할 수도 있지만, 그러면 좀 퉁명스럽게 들립니다. 이럴 때는 Yes, I am. 또는 No, I'm not.처럼 대답하는 게 좋아요.
* 그리고 한 가지 더! 우리는 자신의 이름을 말할 때 '성+이름' 순서로 말하지만 영어권에서는 '이름+성' 순서로 말해요. 여기서 Tony는 '이름(first name)'이고, Park은 '성(last name)'입니다.

 student 학생   **tourist** 여행객   **engineer** 엔지니어, 기술자   **Korean** 한국 사람

I'm not a...

전 ~이 아니에요

「I'm a+명사」를 부정문으로 만들 때는 not을 be동사 바로 다음에 넣으면 됩니다. 「I'm not a+명사」는 '전 ~이 아니에요'라는 의미예요. 예를 들어, 상대방이 자신의 신분이나 이름을 잘못 알고 있을 경우 이 패턴을 활용해서 말하면 되죠.

step 1 패턴 집중 훈련

난 거짓말쟁이가 아니야.　　**I'm not a liar.**

난 가수가 아니야.　　**I'm not a singer.**

전 의사가 아니에요.　　**I'm not a doctor.**

전 예술가가 아니에요.　　**I'm not an artist.**

전 마이크가 아니에요.　　**I'm not Mike.**

step 2 리얼 회화 연습

A Are you a doctor?
B No, I'm not. 전 의사가 아니에요.

A 당신은 의사인가요?
B 아니요. **I'm not a doctor.**

> **TIP**
> * '의사(doctor)'처럼 직업을 나타내는 명사들을 살펴볼게요.
> 가수 singer　　예술가 artist
> 간호사 nurse　　선생님 teacher
> 변호사 lawyer　　작가 writer
> 영화배우 movie star　기술자 engineer

 liar 거짓말쟁이　singer 가수　doctor 의사　artist 예술가, 화가

I'm...

전 ~해요

I'm 다음에 형용사를 붙여 「I'm+형용사」라고 하면 '전 ~해요'라는 의미가 됩니다. 자신의 현재 상태나 감정 또는 기분을 표현하는 말이죠.

난 괜찮아.	**I'm okay.**
나 화났어.	**I'm angry.**
나 배고파.	**I'm hungry.**
나 피곤해.	**I'm tired.**
나 결혼했어.	**I'm married.**

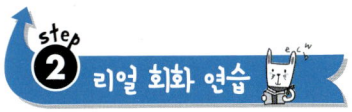

A Are you all right?
B 난 괜찮아.

A 괜찮은 거야?
B **I'm okay.**

* okay 대신 good이나 fine을 써서 I'm good. 또는 I'm fine.이라고 해도 '괜찮다', '좋다'라는 뜻을 나타냅니다. 상대방이 '오늘 기분이 어때?'라고 물으면, I'm good. 또는 I'm fine.과 같이 대답하면 돼요.

 okay 괜찮은   angry 화난   hungry 배고픈   tired 피곤한   married 결혼한   all right 괜찮은

I'm not...

전 ~ 안 해요, 전 ~하지 않아요

평서문을 부정문으로 만드는 가장 쉬운 방법이 바로 not을 be동사 다음에 쏙 넣는 것이죠. 「I'm+형용사」를 「I'm not+형용사」 형태로 바꾸면, '전 ~해요'에서 '전 ~ 안 해요'라는 부정의 의미로 바뀝니다. 이것도 마찬가지로 현재 자신의 기분이나 상태를 표현할 수 있는 패턴이죠.

나 안 졸려.	**I'm not sleepy.**
전 어리석지 않아요.	**I'm not stupid.**
나 안 아파.	**I'm not sick.**
난 걱정 안 해.	**I'm not worried.**
헷갈리지 않아.	**I'm not confused.**

A   Are you sleepy now?
B   No, 나 안 졸려.

A   너 지금 졸려?
B   아니, **I'm not sleepy.**

* sleepy(졸린)처럼 자신의 몸 상태를 얘기할 때 다음과 같은 형용사들도 쓸 수 있어요.
healthy 건강한   fine 괜찮은
tired 피곤한

sleepy 졸린   stupid 어리석은, 바보 같은   sick 아픈   worried 걱정되는
confused 헷갈리는, 어리둥절한   now 지금

I'm a + 형용사...

전 ~한 ...이에요

형용사는 명사를 수식하는 역할을 합니다. 「I'm a+형용사+명사」라고 하면 '전 ~한 ...이에요'라는 뜻이죠. 자신이 어떠한 특징이나 성격을 지닌 사람인지를 알리고자 할 때 이 패턴을 쓸 수 있습니다.

step 1 패턴 집중 훈련

전 유명한 작가예요.	**I'm a famous writer.**
전 조용한 편이에요. (조용한 사람이에요)	**I'm a quiet person.**
전 요리를 잘해요.	**I'm a good cook.**
나 인기 있는 선생이야.	**I'm a popular teacher.**
전 활동적인 여성이에요.	**I'm an active woman.**

step 2 리얼 회화 연습

A Are you an active person?
B No, I'm not. 전 조용한 편이에요.

A 당신은 활동적인 사람인가요?
B 아니요, **I'm a quiet person.**

> TiP
> *형용사 active는 '활동적인'이라는 뜻으로, 적극적이면서도 활동적인 사람을 active person이라고 해요. active와 정반대로 '소심한', '부끄럼을 타는'은 shy이고, '조용한'은 quiet예요. 그래서 I'm a quiet person.이라고 하면 '전 조용한 사람이에요.', '전 조용한 편이에요.'의 뜻이 되는 거죠.

 famous 유명한 writer 작가 quiet 조용한 person 사람 good 좋은, 재능 있는 cook 요리하다, 요리사 popular 인기 있는 teacher 선생님 active 활동적인 woman 여성

Day 02 I'm + 형용사/부사 (1)

 다음 말을 영어로 할 수 있나요?

- 너무 행복해.
  ☐ ☐ happy.

- 난 정말 추워.
  ☐ ☐ cold.

- 난 좀 뚱뚱해.
  ☐ ☐ ☐ fat.

- 난 영어 잘해.
  ☐ ☐ ☐ English.

- 중국어에는 자신 없어요.
  ☐ ☐ ☐ ☐ Chinese.

정답 | I'm so | I'm really | I'm a little | I'm good at | I'm not good at

pattern 006

I'm so...

매우 ~해요

부사 so는 회화에서 '매우', '무척', '대단히'의 뜻으로 형용사를 수식합니다. 「I'm so+형용사」는 '매우 ~해요'라는 뜻이죠. 자신의 상태나 기분을 좀 더 강조해서 말할 때 사용하는 패턴이에요.

step 1 패턴 집중 훈련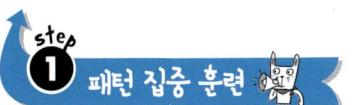

정말 미안해요.	**I'm so sorry.**
너무 행복해.	**I'm so happy.**
난 정말 확신해.	**I'm so sure.**
난 너무 예뻐.	**I'm so beautiful.**
정말 신 나.	**I'm so excited.**

step 2 리얼 회화 연습

A 정말 미안해요.
B That's okay.

A **I'm so sorry.**
B 괜찮아요.

 TIP
* 상대방이 자신의 실수에 대해 사과할 때 '괜찮아요.'라는 뜻으로 That's okay.라고 대답하면 돼요. That's all right.라고 해도 같은 뜻이죠.

---

 sorry 미안한 happy 행복한 sure 확실한, 틀림없는 beautiful 아름다운, 예쁜
excited 신이 난, 흥분되는

Day 02_29

pattern 007 I'm really...

정말 ~해요

부사 really는 '정말'이라는 뜻입니다. 그래서 자신의 감정 또는 상태를 좀 더 강조해서 말할 때 「I'm really+형용사」와 같이 말합니다. 부사 really 대신에 so 또는 very로 바꿔 표현하기도 하고요.

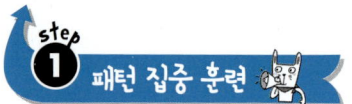

난 정말 바쁘거든.	**I'm really busy.**
난 정말 추워.	**I'm really cold.**
정말 외로워요.	**I'm really lonely.**
난 정말 예뻐.	**I'm really pretty.**
나 정말 놀랐어.	**I'm really surprised.**

A Are you free now?
B No, 난 정말 바쁘거든.

A 지금 시간 있어?
B 아니, **I'm really busy.**

 TIP

* '지금 시간 있어요?'라고 할 때 Are you free now? 대신! Do you have time now?라고도 해요. have time 은 시간을 가지고 있다, 즉 '시간이 있다'라는 뜻이에요. time 앞에 the를 붙여 Do you have the time?이라고 하면 '몇 시죠?'라고 시간을 묻는 표현이니 헷갈리지 않도록 주의하세요.

busy 바쁜, 분주한　**cold** 추운, 냉담한　**lonely** 외로운, 고독한　**pretty** 예쁜, 귀여운　**surprised** 놀란
free 한가한, 자유로운　**now** 지금

I'm a little...

좀 ~해요

a little은 우리말로 '좀', '조금', '약간'이라는 뜻입니다. 「I'm a little+형용사」는 '좀 ~해요'라는 뜻으로, 자신의 상태나 기분을 좀 누그러뜨려서 말할 때 사용합니다. 우리도 '피곤해.'를 '좀 피곤해.'처럼 가볍게 얘기하는 걸 생각하면 쉽게 이해할 수 있을 거예요.

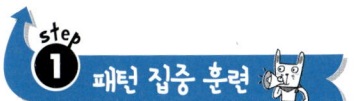

난 좀 슬퍼.	**I'm a little sad.**
난 좀 뚱뚱해.	**I'm a little fat.**
난 좀 늦었어.	**I'm a little late.**
좀 일찍 왔어요.	**I'm a little early.**
좀 무서워.	**I'm a little scared.**

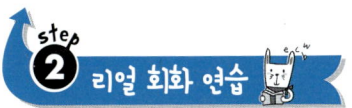

A 난 좀 뚱뚱해.
B I don't think so.

A **I'm a little fat.**
B 난 그렇게 생각 안 해.

> **TiP**
> *상대방의 생각과는 정반대의 생각을 가지고 있을 때 '난 그렇게 생각 안 해.'라고 말하면서 대화를 이어가죠. 이럴 때 I don't think so.라고 말할 수 있습니다. 여기서 so는 '매우'가 아니라 '그렇게', '그처럼'의 뜻이에요.

sad 슬픈 fat 뚱뚱한 late 늦은, 지각한 early 이른, 빠른 scared 무서운, 겁먹은 think 생각하다
so 그렇게

pattern 009
I'm good at...

~을 잘해요

「I'm good at+명사(구)/동명사」는 '~을 잘하다'라는 뜻이에요. be good at...이 '~을 잘하다'라는 뜻의 숙어죠. 형용사 good은 '좋은'이라는 의미 외에 '잘하는'의 뜻도 있습니다. 그래서 good이 전치사 at과 함께 사용되어 '~을 잘하다'라는 의미가 되는 것이죠.

난 영어 잘해.   **I'm good at English.**

축구에는 자신 있어.   **I'm good at soccer.**

나 컴퓨터 게임을 잘하거든.   **I'm good at computer games.**

난 운전 잘해요.   **I'm good at driving.**

난 술 잘 마셔.   **I'm good at drinking.**

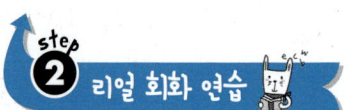

A **Do you speak English?**
B **Sure.** 난 영어 잘해.

A 영어 할 줄 알아?
B 물론이지. **I'm good at English.**

> **TIP**
> *Do you speak English?는 평소에 영어로 얘기를 잘하는지를 물어보는 표현이에요. 여기서 꼭 기억할 점은 English처럼 언어를 구사한다고 할 때는 동사 speak를 사용한다는 것입니다. talk 또는 say를 쓰면 안 되죠. Do you speak Japanese?(일본어 할 줄 알아?), Do you speak Chinese?(중국어 할 줄 알아?)처럼 말합니다.

English 영어   **soccer** 축구   **computer game** 컴퓨터 게임   **drive** 운전하다   **drink** (술을) 마시다   **speak** 말하다   **sure** 틀림없는, 확실한

pattern 010

I'm not good at...

~을 잘 못해요

스스로 뭔가에 자신이 없거나 잘 못한다고 말할 때 「I'm not good at+명사(구)/동명사」의 패턴을 사용합니다. '~을 잘하다'라는 뜻의 be good at...에 not을 넣어 부정형으로 만든 것이죠. I'm poor at...이라고 해도 비슷한 의미를 나타냅니다.

step 1 패턴 집중 훈련

중국어에는 자신 없어요.   **I'm not good at Chinese.**

수학은 자신 없어.   **I'm not good at math.**

나 요리 잘 못해.   **I'm not good at cooking.**

난 춤을 잘 못 춰.   **I'm not good at dancing.**

난 말주변이 없어.   **I'm not good at talking.**

step 2 리얼 회화 연습

A Are you a good cook?
B No, 나 요리 잘 못해.

A 요리는 잘해?
B 아니, **I'm not good at cooking.**

> **TIP**
> * cook은 '요리하다'라는 뜻도 있지만 명사로 쓰면 '요리사'라는 뜻을 나타냅니다. Are you a good cook?에서 cook은 명사로 쓰인 것이죠. 이 말은 Are you good at cooking?이라고 해도 같은 뜻이 됩니다.

ABC Chinese 중국어 math 수학 cook 요리하다, 요리사 dance 춤추다, 춤 talk 말하다, 이야기하다
good 좋은, 유능한

Day 03
I'm + 형용사/부사 (2)

 다음 말을 영어로 할 수 있나요?

- 그녀에게 관심 있어.

　　　　　　　　　　　her.

- 이 수업에는 관심 없어요.

　　　　　　　　　　　　this class.

- 제 미래가 걱정돼요.

　　　　　　　　　my future.

- 나 마이크 걱정 안 해.

　　　　　　　　　　Mike.

- 난 피자에 질렸어.

　　　　　　　pizza.

정답: I'm interested in | I'm not interested in | I'm worried about | I'm not worried about | I'm tired of

pattern 011
I'm interested in...

~에 관심 있어요

자신이 관심 있는 분야에 대해 말하는 패턴입니다. 「I'm interested in+명사(구)/동명사」라고 하면 '~에 관심 있어요'라는 뜻이에요. be interested in...은 '~에 관심이 있다'라는 뜻의 숙어입니다.

step 1 패턴 집중 훈련

영화에 관심 많아.	**I'm interested in movies.**
그녀에게 관심 있어.	**I'm interested in her.**
알렉스에게 관심 있어요.	**I'm interested in Alex.**
난 한국 역사에 관심 많아.	**I'm interested in Korean history.**
노래 부르는 것에 관심 있어요.	**I'm interested in singing.**

step 2 리얼 회화 연습

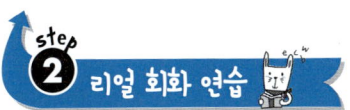

A What are you interested in?
B 난 한국 역사에 관심 있어.

A 넌 무엇에 관심 있어?
B **I'm interested in Korean history.**

> **+ Tip**
> 상대방에게 무엇에 관심이 있는지 물어볼 때 의문사 what을 사용하여 What are you interested in? 이라고 합니다. 이때 대답은 「I'm interested in+명사/동명사」 패턴을 써서 할 수 있죠.

movie 영화   Korean history 한국 역사   sing 노래하다

I'm not interested in...

~에 관심 없어요

자신의 관심사가 아닐 경우에 단호하게 「I'm not interested in+명사(구)/동명사」 패턴을 써서 말할 수 있습니다. '~에 관심 없어요'라는 뜻이죠. 자신의 취향이 아니므로 관심이 없다는 의미를 내포하고 있습니다. 전치사 in 뒤에는 명사(구)나 동명사를 씁니다.

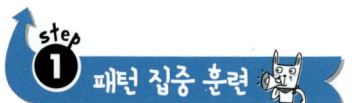

난 정치에 관심 없어.	**I'm not interested in politics.**
그에게 관심 없어.	**I'm not interested in him.**
이 수업에는 관심 없어요.	**I'm not interested in this class.**
난 영어에는 별 관심 없어.	**I'm not interested in English.**
골프 치는 것에 관심 없어.	**I'm not interested in playing golf.**

A Are you interested in English?
B 난 영어에는 별 관심 없어.

A 넌 영어에 관심 있어?
B **I'm not interested in English.**

 politics 정치   this class 이 수업   English 영어   play golf 골프 치다

pattern 013

I'm worried about...

~이 걱정돼요

자신의 걱정거리나 근심거리를 「I'm worried about+명사(구)/동명사」 패턴으로 표현할 수 있습니다. be worried about...은 '~에 대해 걱정하다'라는 뜻의 숙어죠. 전치사 about 다음에 목적어로 동사가 나올 때는 동명사(-ing)의 형태를 씁니다.

step 1 패턴 집중 훈련

제 미래가 걱정돼요.	**I'm worried about my future.**
내 건강이 염려돼.	**I'm worried about my health.**
난 데이트 때문에 걱정이야.	**I'm worried about my date.**
너 때문에 걱정이야.	**I'm worried about you.**
혼자 여행하는 게 걱정돼.	**I'm worried about traveling alone.**

step 2 리얼 회화 연습

A What are you worried about?
B 혼자 여행하는 게 걱정돼.

A 뭐가 걱정이야?
B **I'm worried about traveling alone.**

+ Tip
* alone 대신 by oneself를 써서 같은 뜻을 나타낼 수 있어요. 캐나다 출신 팝 가수 셀린 디온(Celine Dion)이 불러 큰 인기를 얻었던 곡 「All By Myself」는 '오직 나 홀로'라는 뜻이죠.

ABC future 미래 health 건강 date 데이트 travel 여행하다 alone 혼자서, 홀로(=by oneself)

I'm not worried about...

~에 대해 걱정 안 해요

근심 걱정이 전혀 안 되는 일에 대해 언급할 때는 be worried about…에 not을 넣어서 be not worried about…이라고 해요. 「I'm not worried about+명사(구)/동명사」는 '~에 대해 걱정 안 해요'예요. 전치사 about 다음에 목적어 역할로 명사(구)나 동명사(-ing)가 나온다는 점을 기억해 두세요.

나 아무것도 걱정 안 해. **I'm not worried about anything.**

나 마이크 걱정 안 해. **I'm not worried about Mike.**

제 직업에 대해 걱정 안 해요. **I'm not worried about my job.**

아들이 걱정 안 돼요. **I'm not worried about my son.**

혼자 사는 거 걱정 안 해. **I'm not worried about living alone.**

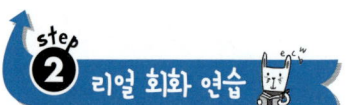

A Aren't you worried about your future?
B 나 아무것도 걱정 안 해.

A 넌 미래가 걱정 안 되니?
B **I'm not worried about anything.**

> *TiP*
> *「Aren't you+형용사?(~하지 않아요?)」는 상대방에 관한 어떤 사실을 이미 알고 있을 때 다시금 확인하기 위해 쓸 수 있습니다.

 anything 무언가, 아무것도   job 직업   son 아들   live 살다   alone 혼자   future 미래

I'm tired of...

~이 지겨워요

때로는 반복되는 무언가에 싫증이 날 때가 있죠? 이럴 때 「I'm tired of+명사(구)/동명사」라고 하면 '~이 지겨워요'라는 뜻을 나타냅니다. tired 대신에 형용사 sick을 써서 표현할 수도 있습니다.

난 이것에 질려 버렸어.	**I'm tired of this.**
난 피자에 질렸어.	**I'm tired of pizza.**
만사가 귀찮아.	**I'm tired of everything.**
운전하는 게 지긋지긋해요.	**I'm tired of driving.**
운동하는 게 지겨워졌어.	**I'm tired of exercising.**

A 매일 운전하는 게 지긋지긋해.
B That's too bad.

A I'm tired of driving every day.
B 안됐구나.

* every day와 everyday를 헷갈리지 않도록 주의하세요. every day는 '매일'이라는 뜻의 명사이고, everyday는 '매일의', '일상적인'이라는 뜻의 형용사예요.

this 이것 **pizza** 피자 **everything** 모든 것, 만사, 전부 **drive** 운전하다 **exercise** 운동하다
every day 매일 **bad** 나쁜, 유감스러운

Day 04 I'm + 형용사 + to...

 다음 말을 영어로 할 수 있나요?

- 너랑 함께 있다니, 난 운이 좋아.

　　　　　　　　　　　　be with you.

- 늦어서 미안해요.

　　　　　　　　　　　　be late.

- 돌아와서 기뻐.

　　　　　　　　　　　　be back.

- 지금 떠날 준비 됐어요.

　　　　　　　　　　　　leave now.

- 운전할 준비가 안 됐어.

　　　　　　　　　　　　　　　drive.

정답 | I'm lucky to | I'm sorry to | I'm glad to | I'm ready to | I'm not ready to

I'm lucky to...

~해서 전 운이 좋아요, ~해서 다행이에요

「I'm lucky to+동사」는 '~해서 전 운이 좋아요', '~해서 다행이에요'라는 뜻입니다. 여기서 형용사 lucky는 '운 좋은', '재수 좋은'의 뜻이에요. 자신이 바라던 일이 운 좋게도 이루어졌을 때 이 패턴을 써서 말할 수 있겠죠.

step 1 패턴 집중 훈련

로버트를 만나다니, 난 운이 좋아.	**I'm lucky to** meet Robert.
너랑 함께 있다니, 난 운이 좋아.	**I'm lucky to** be with you.
여기 있어서 다행이에요.	**I'm lucky to** be here.
시험에 통과하다니, 난 운이 좋아.	**I'm lucky to** have passed the exam.
일자리를 얻게 되어 다행이야.	**I'm lucky to** have gotten a job.

step 2 리얼 회화 연습

A 너랑 함께 있다니, 난 운이 좋아.
B I'm glad to hear that.

A **I'm lucky to be with you.**
B 그 말을 들으니 기쁜데.

TiP
* 상대방으로부터 좋은 얘기를 들으면 왠지 저절로 기분이 좋아지게 돼요. 이럴 때 I'm glad to hear that.이라고 말하면서 맞장구를 칠 수 있습니다. 뜻은 '듣던 중 반가운 소식이야.', '그 말을 듣게 되어서 기뻐.'이죠. I'm happy to hear that.이라고 해도 같은 의미입니다.

 meet 만나다   with ~와 함께   here 이곳, 여기   pass the exam 시험에 통과하다
get a job 일자리를 얻다   be glad to ~해서 기쁘다   hear 듣다

I'm sorry to...

~해서 죄송해요

상대방에게 폐를 끼치게 되거나 본의 아니게 실수했을 때 당연히 사과를 해야겠죠. 이럴 경우 「I'm sorry to+동사」 패턴으로 말할 수 있습니다. 뜻은 '~해서 죄송해요'로, 여기서 sorry는 '유감스러운', '미안한'의 의미예요.

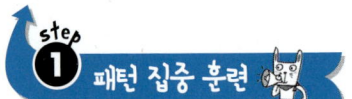

방해해서 미안해요.	I'm sorry to interrupt.
답장이 늦어서 미안해.	I'm sorry to answer late.
귀찮게 해서 미안해.	I'm sorry to bother you.
그런 말하게 되어 죄송해요.	I'm sorry to say that.
사실을 말하게 되어 미안해.	I'm sorry to tell the truth.

A 방해해서 미안해.
B That's all right.

A I'm sorry to interrupt.
B 괜찮아.

* I'm sorry 뒤에 동사가 올 때는 to 부정사를 쓰지만, 명사(구)나 동명사가 오면 전치사 for를 씁니다.

interrupt 방해하다   answer 대답하다   bother 귀찮게 하다   say that 그런 말을 하다
tell the truth 사실을 말하다   all right 괜찮은

I'm glad to...

~해서 기뻐요

마음속으로 바라던 일이 이루어졌을 때 '~해서 기뻐요'라는 말을 하죠? 이때 사용하는 패턴이 「I'm glad to+동사」예요. 형용사 glad는 '기쁜', '고마운'의 뜻으로, 뒤에 to부정사(to+동사원형)로 연결되는 내용이 기쁜 이유를 설명해 줍니다. glad 대신에 happy나 pleased를 써도 같은 의미죠.

여기서 일하게 되어 기뻐요.   **I'm glad to work here.**

돌아와서 기뻐.   **I'm glad to be back.**

다시 만나서 기뻐요.   **I'm glad to see you again.**

그 말을 들으니 기쁜걸.   **I'm glad to hear that.**

만나서 기뻐요.   **I'm glad to meet you.**

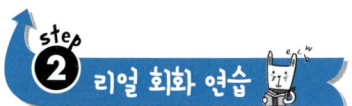

A 다시 만나서 기뻐요.
B Me, too.

A **I'm glad to see you again.**
B 저도 마찬가지예요.

TIP

*만나고 싶은 사람을 다시금 보게 될 때 동사 see를 써서 I'm glad to see you again.(다시 만나서 기뻐요.)이라고 표현해요. '만나다'라는 뜻으로 meet이 아닌 see를 사용한다는 점을 꼭 기억해 두세요. See you again. (다음에 또 보자.)이라고 할 때도 see가 '만나다'라는 뜻으로 쓰인 것입니다.

work 일하다   here 여기   be back 돌아오다   see 보다, 만나다   again 다시   hear 듣다
meet 만나다

pattern 019

I'm ready to[for]…

~할 준비가 됐어요

어떤 동작을 할 준비가 갖추어졌을 때 「I'm ready to+동사」 패턴을 사용해요. I'm ready 뒤에 to가 아닌 전치사 for가 올 때는 뒤에 명사(구)나 동명사를 써야 합니다.

지금 떠날 준비 됐어요.	**I'm ready to** leave now.
외출할 준비가 됐어.	**I'm ready to** go out.
청소할 준비 됐어요.	**I'm ready to** clean up.
난 점심 먹을 준비가 됐거든.	**I'm ready for** lunch.
모임 준비가 됐어.	**I'm ready for** the meeting.

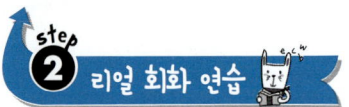

A 지금 떠날 준비 됐어요.
B So soon?

A **I'm ready to leave now.**
B 그렇게 빨리요?

 TiP

* 동사 leave는 '떠나다', '남기다'라는 뜻인데, '~로 떠나다'라고 말할 때는 뒤에 전치사 「for+장소」를 붙이면 됩니다. 예를 들어 '난 뉴욕으로 떠날 준비가 됐어.'는 I'm ready to leave for New York.이라고 하죠.

---

leave 떠나다　**now** 지금　**go out** 외출하다, 교제하다　**clean up** 청소하다　**lunch** 점심　**meeting** 모임　**so** 그렇게　**soon** 곧, 급히

I'm not ready to[for]…

~할 준비가 안 됐어요

아직 어떤 행동을 할 준비가 되지 않았을 때는 「I'm not ready to+동사」 패턴으로 표현할 수 있습니다. 「I'm ready to+동사」(~할 준비가 됐어요)의 부정문이죠. 마찬가지로 I'm not ready 뒤에 to 대신에 전치사 for를 사용할 때는 뒤에 명사(구)나 동명사가 나옵니다.

step 1 패턴 집중 훈련

운전할 준비가 안 됐어.	**I'm not ready to drive.**
난 일할 준비가 안 됐어.	**I'm not ready to work.**
아침 먹을 준비가 안 됐거든.	**I'm not ready to eat breakfast.**
난 집에 갈 준비가 안 됐어.	**I'm not ready to go home.**
결혼할 준비가 되지 않았어요.	**I'm not ready for marriage.**

step 2 리얼 회화 연습

A When are you going to marry?
B Actually, 결혼할 준비가 안 됐어요.

A 언제 결혼할 거예요?
B 사실은, **I'm not ready for marriage.**

> **Tip**
> *actually(사실은)와 비슷한 의미의 표현으로 다음과 같은 것들이 있습니다.
> to be honest 솔직히
> in fact 실은

 drive 운전하다 work 일하다 eat 먹다 breakfast 아침 식사 go home 집에 가다
marriage 결혼 when 언제 be going to ~할 것이다 marry 결혼하다 actually 사실은

Day 04_45

Day 05 I'm... 기타

 다음 말을 영어로 할 수 있나요?

- 수영하러 왔어요.

　　　　　　　　　　　swim.

- 막 자려던 참이었어.

　　　　　　　　　　　sleep.

- 나 그곳에 갈 수 있어.

　　　　　　　　　　　go there.

- 나 서울에 있어.

　　　　　　Seoul.

- 난 너보다 키가 더 커.

　　　　taller 　　　you.

정답 I'm here to | I'm about to | I'm able to | I'm in | I'm / than

pattern 021 I'm here to...

~하러 왔어요

자신이 이곳에 온 이유를 구체적으로 설명할 때 「I'm here to+동사」 패턴으로 표현해요. 직역하면 '~하기 위해 여기에 있어요'의 뜻이지만, 결국 이 말은 '~하러 왔어요'의 의미이죠.

step 1 패턴 집중 훈련

술 마시러 왔어.	**I'm here to drink.**
수영하러 왔어요.	**I'm here to swim.**
모자 사러 왔어.	**I'm here to buy a hat.**
세차하러 온 거야.	**I'm here to wash my car.**
프랑스어 배우러 온 거야.	**I'm here to learn French.**

step 2 리얼 회화 연습

A 술 마시러 왔어.
B **So am I.**

A **I'm here to drink.**
B 나도 마찬가지야.

✱Tip
* drink는 동사로 쓸 때는 '(술) 마시다'라는 뜻이지만, 명사로 '술'이 란 뜻도 돼요. '술 한잔하다'를 have a drink라고도 합니다. I'm here to drink.를 I'm here to have a drink.라고도 말할 수 있죠.

drink (술을) 마시다   swim 수영하다   buy 사다   hat 모자   wash 씻다   wash one's car 세차하다
learn 배우다   French 프랑스어   here 여기에

pattern 022

I'm about to...

막 ~하려던 참이에요

뭔가를 막 시작하려고 한다고 말할 때 「I'm about to+동사」 패턴을 사용합니다. be about to...는 '막 ~하려고 하다'라는 의미의 숙어이죠. 종종 부사 just와 함께 써서 「I'm just about to+동사」라고 표현하기도 합니다.

막 자려던 참이었어.	**I'm about to sleep.**
막 떠나려던 참이었어요.	**I'm about to leave.**
막 그에게 전화하려던 참이었어.	**I'm about to call him.**
막 점심 먹으려던 참이었어.	**I'm about to have lunch.**
막 집에 가려던 참이었어.	**I'm about to go home.**

A **Are you still working in your office?**
B **No,** 막 집에 가려던 참이었어.

A 아직도 사무실에서 일하고 있어?
B 아니, **I'm about to go home.**

 TiP

* '집에 가다'라고 할 때 go to home 이 아닌 go home이라고 하는 것에 주의하세요. 여기서 home은 명사가 아니라 '집에'라는 뜻의 부사이므로 전치사 to가 나오면 안 된답니다.

 sleep 자다   leave 떠나다   call 전화하다   have lunch 점심을 먹다   go home 집에 가다
still 아직도, 여전히   work 일하다   office 사무실

pattern 023

I'm able to...

~할 수 있어요

자신의 능력이나 가능성에 대해 말할 때 「I'm able to+동사」 패턴을 쓸 수 있습니다. be able to...는 조동사 can처럼 '~할 수 있다'라는 의미입니다.

step 1 패턴 집중 훈련

난 그를 도울 수 있어요.   **I'm able to help him.**

수영을 잘할 수 있어요.   **I'm able to swim well.**

그 애를 잊을 수 있어.   **I'm able to forget him.**

이제 걸을 수 있어.   **I'm able to walk now.**

나 그곳에 갈 수 있어.   **I'm able to go there.**

step 2 리얼 회화 연습

A 수영을 잘할 수 있어요.
B I'm glad to hear that.

A **I'm able to swim well.**
B 그 말을 들으니 기쁘네요. (다행이네요)

TiP
* '수영하다'라고 할 때 동사 swim을 써도 되지만, go swimming도 쓸 수 있습니다. go for a swim이라고 하면 '수영하러 가다'의 뜻이라는 것도 같이 알아두세요.

 help 돕다   swim 수영하다, 수영   well 잘   forget 잊다   walk 걷다   now 지금, 이제   go 가다   there 그곳, 거기   be glad to ~해서 기쁘다   hear 듣다

Day 05_ 49

pattern 024

I'm in...

전 ~한 상태예요, 전 ~ 안에 있어요

자신의 현재 상태나 위치를 말할 때 「I'm in+명사(구)」 패턴을 사용해요. '전 ~한 상태예요', '전 ~ 안에 있어요'라는 뜻이죠.

step 1 패턴 집중 훈련

난 사랑에 빠졌어.	**I'm in love.**
난 위험에 처해 있어.	**I'm in danger.**
나 서울에 있어.	**I'm in Seoul.**
나 사무실에 있어.	**I'm in the office.**
나 차 안에 있어.	**I'm in my car.**

step 2 리얼 회화 연습

A Where are you?
B 나 지금 서울에 있어.

A 너 어디 있어?
B **I'm in Seoul now.**

*Tip
* Where are you?에서 주어 you 대신에 I를 넣어 Where am I?라고 하면, '나 어디에 있는 거야?', '나 (지금) 어디에 있는 거지?', '여기가 어디야?'의 뜻이에요. 길을 잃어 헤매고 있을 때 사용하는 표현이죠.

 love 사랑 danger 위험 Seoul 서울 office 사무실 car 차 where 어디 now 지금, 이제

pattern 025

I'm (비교급) than...

전 …보다 더 ~해요

뭔가에 대해 자신이 더 나은지 여부를 상대와 비교하는 경우가 있죠? 이때 I'm (비교급) than... 패턴을 사용하여 말할 수 있습니다. '전 …보다 더 ~해요'의 뜻으로, than 다음에는 비교 대상을 씁니다.

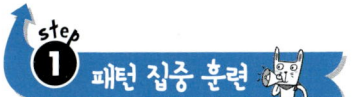

난 너보다 키가 더 커.	I'm taller than you.
난 너보다 더 행복해.	I'm happier than you.
마이크보다는 내가 더 빨라.	I'm faster than Mike.
그 애보다는 내가 키가 더 작아.	I'm shorter than him.
내가 그녀보다 더 뚱뚱해요.	I'm fatter than her.

A 난 너보다 키가 더 커.
B You're right.

A I'm taller than you.
B 네 말이 맞아.

* 우리말의 '키 큰', '키가 더 큰', '가장 키가 큰'처럼 영어에도 원급, 비교급, 그리고 최상급이 있습니다. 예를 들어, 1음절(모음이 하나 있는) 단어인 tall의 비교급은 taller(키가 더 큰), 최상급은 tallest(가장 키가 큰)이죠.

 taller (키가) 더 큰 happier 더 행복한 faster 더 빠른 shorter 더 작은 fatter 더 뚱뚱한 right 옳은

Day 06 I'm -ing (1)

 다음 말을 영어로 할 수 있나요?

- 그냥 물어보는 거예요.

　　　　　　　　 asking.

- 거짓말하고 있는 거 아니야.

　　　　　　　　 lying.

- 난 돌아갈 거야.

　　　　　　　　　　　 return.

- 공부 안 할 거야.

　　　　　　　　　　　　　　 study.

- 안부 전화한 거야.

　　　　　　　　　　　 say hi.

정답 I'm just | I'm not | I'm going to | I'm not going to | I'm calling to

I'm just -ing

그냥 ~하는 거예요

특별한 이유 없이 뭔가를 하고 있다고 말할 때 이 패턴을 씁니다. '~하고 있는 중이에요'라는 뜻의 I'm -ing 사이에 just(그냥)를 넣기만 하면 '그냥 ~하는 거예요'라는 의미가 됩니다.

그냥 농담이야.	**I'm just kidding.**
그냥 술 마시고 있어.	**I'm just drinking.**
그냥 물어보는 거예요.	**I'm just asking.**
그냥 청소하고 있어.	**I'm just cleaning up.**
그냥 둘러보는 거예요.	**I'm just looking around.**

A May I help you?
B No, thanks. 그냥 둘러보는 거예요.

A 도와드릴까요?
B 괜찮아요. **I'm just looking around.**

> **TiP**
> * '도와드릴까요?'라고 말할 때 May I help you? 대신 Can I help you?나 How may I help you?(어떻게 도와드릴까요?), 또는 What can I help you with?(무엇을 도와드릴까요?)라고도 할 수 있어요.

kid 농담하다, 아이 **drink** (술을) 마시다 **ask** 묻다, 요구하다 **clean up** 청소하다
look around 둘러보다 **help** 돕다

I'm not -ing

~하는 거 아니에요, ~하지 않을 거예요

be동사 다음에 -ing를 쓰면 현재진행의 의미도 되지만 때로는 가까운 미래를 나타내기도 합니다. 따라서 I'm not -ing는 '~하는 거 아니에요'라는 뜻으로 현재진행을 나타내기도 하고, '~하지 않을 거예요'라는 뜻으로 미래를 나타내기도 하죠.

일 안 하고 있어.	**I'm not working.**
안 자고 있어.	**I'm not sleeping.**
거짓말하고 있는 거 아니야.	**I'm not lying.**
나 거기 안 갈 거야.	**I'm not going there.**
난 이거 안 할 거야.	**I'm not doing this.**

A Are you still working?
B No, 일 안 하고 있어.

A 아직도 일하고 있는 중이야?
B 아니, **I'm not working.**

> **TiP**
> * 부사 still은 '아직도', '여전히'라는 뜻이에요. 문장에서 be동사 뒤 또는 일반동사 앞에 오는 것에 주의하세요.
> I'm still in my office.
> (아직 사무실에 있어.)
> I still love you.
> (난 여전히 당신을 사랑해요.)

 work 일하다 sleep 자다 lie 거짓말하다 go 가다 there 그곳, 거기 do 하다 this 이것
still 아직도, 여전히

pattern 028

I'm going to...

~할 거예요, ~에 가는 중이에요

미래에 할 일을 미리 정해 두었을 때 「be going to+동사」로 표현합니다. 따라서 「I'm going to +동사」는 '~할 거예요'의 뜻이죠. 또한, be going to 다음에 장소를 나타내는 명사가 나오면 '~에 가는 중이에요'라는 현재진행의 의미가 됩니다.

step 1 패턴 집중 훈련

난 돌아갈 거야.	**I'm going to return.**
나 진찰받을 거야.	**I'm going to see a doctor.**
나 포기할 거야.	**I'm going to give up.**
서울 가는 중이야.	**I'm going to Seoul.**
뉴욕에 가는 중이에요.	**I'm going to New York.**

step 2 리얼 회화 연습

A Where are you going?
B 서울 가는 중이야.

A 어디 가는 거야?
B **I'm going to Seoul.**

TIP
* be going to에는 '~에 가는 중이다'라는 현재진행의 뜻과, '~에 갈 것이다'라는 미래의 뜻 두 가지가 있어요. 따라서 I'm going to Seoul.은 '서울 가는 중이야.'와 '서울에 갈 거야.' 두 가지로 해석할 수 있죠. 어느 쪽으로 해석할지는 문맥에 따라 달라집니다.

---

return 돌아가다, 반납하다   **see a doctor** 진찰받다   **give up** 포기하다   **Seoul** 서울
New York 뉴욕   **where** 어디   **go** 가다

Day 06_55

pattern 029
I'm not going to...

~하지 않을 거예요

미래에 어떤 일을 하지 않겠다고 자신의 의지를 넌지시 얘기할 때 「I'm not going to+동사」 패턴을 씁니다. '~하지 않을 거예요'의 뜻으로, 「I'm going to+동사」의 부정문 형태이죠.

step 1 패턴 집중 훈련

담배 피우지 않을 거야.	**I'm not going to smoke.**
난 운동 안 할 거야.	**I'm not going to exercise.**
공부 안 할 거야.	**I'm not going to study.**
그 애를 돕지 않을 거야.	**I'm not going to help him.**
너한테 말하지 않을 거야.	**I'm not going to tell you.**

step 2 리얼 회화 연습

A 난 운동 안 할 거야.
B Is that true?

A **I'm not going to exercise.**
B 정말이야?

> **TIP**
> * 보통 '운동하다'라고 하면 제일 먼저 생각나는 단어가 exercise인데, 비슷한 의미인 work out도 많이 씁니다. I'm not going to exercise.를 I'm not going to work out.이라고 바꿔 말할 수 있겠죠.

 smoke 담배를 피우다   exercise 운동하다   study 공부하다   help 돕다   tell 말하다
true 정말의, 진실한

I'm calling to...

~하려고 전화했어요

call에는 '전화하다'라는 뜻이 있죠. 상대방에게 전화한 용건을 밝히고 싶을 때 「I'm calling to+동사」라고 합니다. 뒤쪽의 to+동사가 전화 건 용건을 말하는 역할을 하죠.

질문 있어 전화했어요.	**I'm calling to ask a question.**
널 깨우려고 전화 건 거야.	**I'm calling to wake you up.**
널 초대하려고 전화했어.	**I'm calling to invite you.**
안부 전화한 거야.	**I'm calling to say hi.**
도움 요청하려고 전화했어.	**I'm calling to ask for your help.**

A 안부 전화한 거야.
B Thanks for your call.

A **I'm calling to say hi.**
B 전화해 줘서 고마워.

* 「Thank you for+명사/동명사」는 '~해 줘서 고마워요'라는 뜻이에요. 때로는 보다 간단하게 「Thanks for+명사/동명사」라고도 할 수 있죠.

 ask a question 질문을 하다   wake (사람) up ~를 깨우다   invite 초대하다   say hi 안부를 전하다
ask for ~을 요청하다   help 도움   thanks for ~에 감사하다   call 전화하다, 전화

Day 07 I'm -ing (2)

 다음 말을 영어로 할 수 있나요?

- 여행할 생각이야.

  ☐ ☐ ☐ travel.

- 결혼할 생각은 없어.

  ☐ ☐ ☐ ☐ marry.

- 도와주려고 하는 거예요.

  ☐ ☐ ☐ help you.

- 거짓말 안 하려고 애쓰고 있어.

  ☐ ☐ ☐ ☐ lie.

- 일이 끝나지 않았어요.

  ☐ ☐ ☐ working.

정답 | I'm planning to | I'm not planning to | I'm trying to | I'm trying not to | I'm not finished

I'm planning to...

~할 계획이에요, ~할 생각이에요

앞으로의 계획이나 의지를 말할 때 사용하는 패턴이 「I'm planning to+동사」예요. '~할 계획이에요', '~할 생각이에요'라는 뜻이죠.

step 1 패턴 집중 훈련

여행할 생각이야.	I'm planning to travel.
유학 갈 계획이야.	I'm planning to study abroad.
차를 구입할 계획이야.	I'm planning to buy a car.
결혼할 생각이야.	I'm planning to get married.
서울에 갈 계획이에요.	I'm planning to go to Seoul.

step 2 리얼 회화 연습

A What's your plan for next year?
B 결혼할 생각이야.

A 내년 계획이 뭐야?
B **I'm planning to get married.**

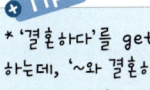

* '결혼하다'를 get married라고 하는데, '~와 결혼하다'라고 할 때는 get married to라고 합니다. 예를 들어, '그와 결혼할 생각이야.'는 I'm planning to get married to him.이에요.

travel 여행하다   abroad 해외로   study abroad 유학 가다   buy 사다, 구입하다   car 차
get married 결혼하다   go to ~에 가다   plan 계획, 계획하다   next year 내년

pattern 032

I'm not planning to...

~할 계획은 없어요, ~할 생각은 아니에요

계획된 것이 없다고 할 때 또는 그럴 생각이 없다고 변명할 때 유용하게 사용할 수 있는 패턴이 「I'm not planning to+동사」예요. '~할 계획은 없어요', '~할 생각은 아니에요'라는 뜻이죠.

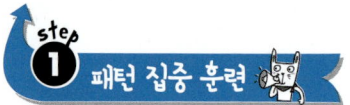

결혼할 생각은 없어.	**I'm not planning to marry.**
은퇴할 생각은 없어요.	**I'm not planning to retire.**
그거 할 계획은 없어.	**I'm not planning to do that.**
이걸 살 계획은 없어요.	**I'm not planning to buy this.**
어디에도 갈 생각 없어.	**I'm not planning to go anywhere.**

A Are you going out on Saturday?
B No, 어디에도 갈 생각 없어.

A 토요일에 외출해?
B 아니, **I'm not planning to go anywhere.**

> ✦ TiP
> * 숙어로 go out은 '외출하다'라는 뜻이지만, 때로는 누군가와 '교제하다'라는 의미로도 사용해요. 이럴 때는 종종 뒤에 전치사 with를 붙여 교제 상대를 나타내죠.

marry 결혼하다   **retire** 은퇴하다, 퇴직하다   **do** 하다   **buy** 사다   **anywhere** 어디에도, 어딘가에
go out 외출하다, 교제하다   **on Saturday** 토요일에

I'm trying to...

~하려고 노력 중이에요

뭔가 하려고 부단히 노력하고 있음을 말할 때 「I'm trying to+동사」 패턴을 사용합니다. 동사 try에는 '시도하다', '애쓰다', '노력하다'라는 여러 가지 뜻이 있어요.

도와주려고 하는 거예요.	**I'm trying to help you.**
이해하려고 하는 거야.	**I'm trying to understand.**
난 술을 끊으려고 애쓰고 있어.	**I'm trying to stop drinking.**
운동하려고 노력 중이야.	**I'm trying to work out.**
일찍 떠나려고 해.	**I'm trying to leave early.**

A What are you trying to do?
B 일찍 떠나려고 해.

A 뭘 하려는 거야?
B **I'm trying to leave early.**

* '일찍 떠나다'를 leave early라고 하는데, 반대로 '늦게 떠나다'는 leave late예요. '늦게 떠나려고 해.'는 I'm trying to leave late.라고 하면 되겠죠.

 help 돕다   understand 이해하다   stop drinking 술을 끊다   work out 운동하다   leave 떠나다
early 일찍   what 무엇

Day 07_61

I'm trying not to…

~하지 않으려고 노력 중이에요

반대로 뭔가를 하지 않기 위해 애쓰고 있다고 말할 때는 「I'm trying not to+동사」 패턴을 씁니다. to부정사(to+동사원형)를 부정형으로 만들려면 to 앞에 not을 넣어 「not to+동사」라고 하면 돼요.

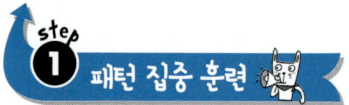

거짓말 안 하려고 애쓰고 있어. **I'm trying not to lie.**

늦지 않으려고 노력 중이에요. **I'm trying not to be late.**

뚱뚱해지지 않으려고 노력 중이야. **I'm trying not to get fat.**

불평하지 않으려고 해. **I'm trying not to complain.**

아무것도 안 먹으려고 해. **I'm trying not to eat anything.**

A 뚱뚱해지지 않으려고 노력 중이야.
B **Don't lie to me.**

A **I'm trying not to get fat.**
B 거짓말하지 마.

* 문장 맨 앞에 Don't를 쓰고 그 뒤에 일반동사를 써서 말하면 '~하지 마라' 라는 명령형 문장을 만들 수 있어요. Don't lie to me.는 '나한테 거짓말 하지 마.'라는 뜻이죠. '움직이지 마.' 라고 말할 때는 Don't move.라고 하면 됩니다.

 lie 거짓말하다   late 늦은, 지각한   get fat 뚱뚱해지다   complain 불평하다   eat 먹다
anything 아무것도, 무엇이든

pattern 035
I'm not finished -ing

~이 안 끝났어요

뭔가 덜 끝난 상태를 상대방에게 얘기하고자 할 때 I'm not finished -ing 패턴을 사용해요. finish는 동명사를 목적어로 취하는 동사로, finish -ing라고 하면 '~하는 것을 끝내다'라는 뜻입니다.

step 1 패턴 집중 훈련

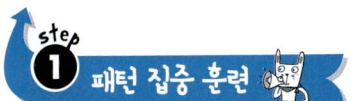

일이 끝나지 않았어요.	**I'm not finished working.**
쇼핑 다 안 끝났어.	**I'm not finished shopping.**
요리 아직 안 끝났거든.	**I'm not finished cooking yet.**
공부 아직 안 끝났거든.	**I'm not finished studying yet.**
내 얘기 안 끝났어.	**I'm not finished talking to you.**

step 2 리얼 회화 연습

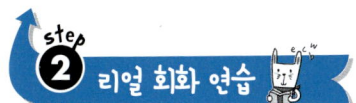

A OK. OK. Can I go now?
B Stop right there. 내 얘기 안 끝났어.

A 알았어. 알았어. 지금 가도 돼?
B 거기 서. **I'm not finished talking to you.**

 TiP
* 자신의 얘기가 아직 덜 끝났는데 상대방이 다른 행동을 하려고 할 때 I'm not finished talking to you.(내 얘기 안 끝났어.)라고 말하면 돼요.

---

work 일하다 **shop** 쇼핑하다 **cook** 요리하다 **yet** 아직 **study** 공부하다 **talk to** ~와 얘기하다 **go** 가다 **now** 지금 **stop** 멈추다, 그만두다 **right there** 바로 거기

Day 08 I was...

다음 말을 영어로 할 수 있나요?

- 아팠어요.
  ☐ ☐ sick.

- 슬프진 않았어.
  ☐ ☐ ☐ sad.

- 운전하고 있었어.
  ☐ ☐ driving.

- 전화하려던 참이었어.
  ☐ ☐ ☐ ☐ call you.

- 그걸 듣고 난 놀랐어.
  ☐ ☐ ☐ ☐ hear that.

정답 | was | | was not | | was | | was going to | | was surprised to

I was...

전 ~했어요

과거에 느꼈던 자신의 감정 또는 상태를 표현할 때 사용하는 패턴으로, 현재의 기분이나 상태와는 아무런 관련이 없습니다. was는 be동사(am)의 과거형이죠.

step 1 패턴 집중 훈련

바빴어.	**I was** busy.
아팠어요.	**I was** sick.
내가 **틀렸던 거야**.	**I was** wrong.
초조**했어요**.	**I was** nervous.
피곤**했어요**.	**I was** tired.

step 2 리얼 회화 연습

A 어제 아팠어요.
B That's too bad.

A **I was sick yesterday.**
B 안됐군요.

> **TIP**
> 상대방으로부터 안 좋은 소식을 들었을 때 That's too bad.(안됐군요.) 또는 I'm sorry to hear that.(유감스럽네요.)이라고 대답할 수 있습니다. 여기서 sorry는 '미안한'이 아니라 '유감스러운'의 뜻이죠.

 busy 바쁜 sick 아픈 wrong 틀린, 잘못된 nervous 초조한 tired 피곤한 yesterday 어제
bad 나쁜, 안 좋은

pattern 037 I was not...

전 ~하지 않았어요

과거에 자신의 감정이나 상태가 어떠하지 않았다고 말할 때 쓰는 패턴입니다. I was...(전 ~했어요)의 부정문 형태죠. '전 ~하지 않았어요'라는 의미입니다.

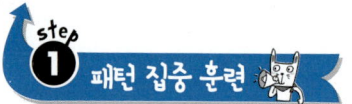

기분 나쁘지 않았어.	**I was not upset.**
슬프진 않았어.	**I was not sad.**
난 늦지 않았어.	**I was not late.**
난 운이 안 좋았어.	**I was not lucky.**
실망 안 했어요.	**I was not disappointed.**

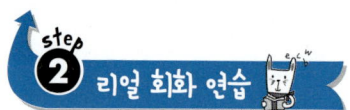

A Were you late this morning?
B 난 늦지 않았어.

A 너 오늘 아침 늦었던 거야?
B **I was not late.**

 TIP
* morning이 '아침'이라는 뜻인 것은 다들 아실 거예요. this morning이라고 하면 '오늘 아침(에)', in this morning은 '오늘 아침에', 그리고 in the morning이라고 하면 '아침에'라는 뜻이 됩니다.

 upset 화난, 기분 나쁜 **sad** 슬픈 **late** 늦은 **lucky** 운이 좋은 **disappointed** 실망한, 낙담한
this morning 오늘 아침(에)

I was -ing

전 ~하고 있었어요

자신이 뭔가를 하고 있었다는 과거 동작의 진행을 표현할 때 I was -ing 패턴을 사용해요. 현재 진행형은 I am -ing이지만, 과거 진행형은 I was -ing이죠.

운전하고 있었어.	**I was driv**ing.
TV 보고 있었어.	**I was watch**ing **TV.**
점심 먹고 있었어.	**I was eat**ing **lunch.**
토니 기다리고 있었어요.	**I was wait**ing **for Tony.**
사진 찍고 있었어.	**I was tak**ing **a picture.**

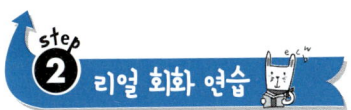

A What were you doing here?
B 그냥 TV 보고 있었어.

A 여기서 뭐 하고 있었어?
B **I was just watching TV.**

TIP
*What were you doing here? 에서 과거 시제를 나타내는 be동사 were 대신에 현재 시제인 are를 넣어 What are you doing here?라고 표현하면 '(지금) 여기서 뭐하고 있는 거야?'라는 뜻이에요.

 drive 운전하다 watch TV TV를 보다 eat 먹다 lunch 점심 wait for ~을 기다리다
take a picture 사진을 찍다 here 여기에, 이곳에 just 그냥, 단지

Day 08_67

pattern 039
I was going to...

전 ~하려고 했었어요, 전 ~에 가는 중이었어요

과거에 뭔가를 할 계획이었는데 못하게 되어 변명을 늘어놓거나, 어느 장소에 가고 있었던 것을 묘사할 때 쓸 수 있는 패턴입니다. '전 ~하려고 했었어요', '전 ~에 가는 중이었어요'라는 뜻이죠.

이 말 하려고 했었어.   **I was going to say this.**

전화하려던 참이었어.   **I was going to call you.**

그걸 반납하려고 했어.   **I was going to return it.**

서점에 가는 길이었어.   **I was going to the bookstore.**

교회에 가고 있었어.   **I was going to church.**

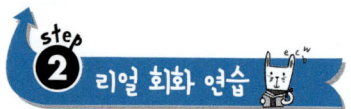

A Tony, I know it's you.
B Olivia, 전화하려던 참이었어.

A 토니, 너라는 걸 알아.
B 올리비아, **I was going to call you.**

---

say 말하다   **call** 전화하다   **return** 돌아가다, 반납하다   **bookstore** 서점   **church** 교회
know 알다

I was surprised to...

~해서 놀랐어요

어떤 일에 대한 자신의 놀라움을 표현할 때 「I was surprised to+동사」라고 합니다. '~해서 놀랐어요'라는 뜻이죠. 동사 surprise는 '놀라게 하다', '경악하게 하다'라는 뜻인데, 주체가 사람일 때는 be surprised의 형태로 사용됩니다. I was surprised to...에서 to부정사(to+동사원형)는 놀라게 된 (be surprised) 이유가 뭔지 설명해 주는 역할을 합니다.

그를 만나게 돼서 놀랐어.	**I was surprised to meet him.**
그걸 찾고 난 놀랐어.	**I was surprised to find it.**
난 그녀를 보고 놀랐어.	**I was surprised to see her.**
그걸 듣고 난 놀랐어.	**I was surprised to hear that.**
난 그 뉴스를 듣고 놀랐어.	**I was surprised to hear the news.**

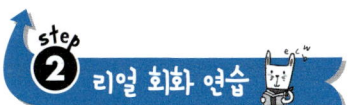

A What's wrong?
B 난 그 뉴스를 듣고 놀랐어.

A 무슨 일이야?
B **I was surprised to hear the news.**

* 상대방의 모습이나 행동이 평소와는 사뭇 달라 보일 때 '무슨 일이야?', '왜 그래?'라고 물어보죠? 이 말을 영어로는 What's wrong?이라고 합니다.

 meet 만나다 find 찾다 see 보다 hear 듣다 news 뉴스, 소식 wrong 잘못된

Day 09 I want...

 다음 말을 영어로 할 수 있나요?

- 난 이걸 원해.

  ☐ ☐ this.

- 난 이 책을 원하지 않아.

  ☐ ☐ ☐ this book.

- 자고 싶어요.

  ☐ ☐ ☐ sleep.

- 난 그런 거 하고 싶지 않아.

  ☐ ☐ ☐ ☐ do that.

- 그냥 알고 싶었어.

  ☐ ☐ ☐ ☐ know.

정답 | I want | I don't want | I want to | I don't want to | I just wanted to

I want...

~을 원해요, ~하고 싶어요

무언가를 원한다고 말할 때 「I want+명사(구)」 패턴을 써서 말할 수 있어요. 미래 지향적인 뜻을 가진 동사 want는 목적어로 명사(구)나 to부정사를 취하는데, 명사(구)가 목적어로 나올 때는 '~을 원하다' 라는 뜻입니다.

난 이걸 원해.	**I want this.**
케이크 먹고 싶어.	**I want cake.**
술 한잔하고 싶어.	**I want a drink.**
충고 좀 해 줘요.	**I want some advice.**
초콜릿 좀 먹고 싶어.	**I want some chocolate.**

A **What do you want?**
B 술 한잔하고 싶어.

A 원하는 게 뭐야?
B **I want a drink.**

> **TIP**
> * 술과 관련된 표현들을 잠깐 살펴볼게요.
> I want a drink. 술 한잔하고 싶어.
> I want to have a drink. 술 한잔하고 싶어.
> I gave up drinking. 나 술 끊었어.
> Cheers! 건배!
> Here's to us! 위하여!

 this 이것 **cake** 케이크 **drink** 술, 음료, 마시다 **advice** 충고, 조언 **chocolate** 초콜릿

pattern 042
I don't want...

~을 원하지 않아요, ~하고 싶지 않아요

원하지 않는 것이 있으면 단호하게 싫다는 의사 표시를 할 필요가 있겠죠? 이때 쓸 수 있는 패턴이 「I don't want+명사(구)」입니다. '~을 원하지 않아요', '~하고 싶지 않아요'라는 뜻이죠.

step 1 패턴 집중 훈련

네 도움은 원치 않아.   **I don't want your help.**

당신 의견은 필요 없어요.   **I don't want your opinion.**

난 이 책을 원하지 않아.   **I don't want this book.**

목욕하고 싶지 않아.   **I don't want a bath.**

전 어떤 돈도 원치 않아요.   **I don't want any money.**

step 2 리얼 회화 연습

A Can I help you?
B Actually, 네 도움은 원치 않아.

A 도와줄까?
B 실은, I don't want your help.

> TIP
> * Can I help you?보다 좀 더 공손하게 말하려면 May I help you?라고 하면 됩니다.

---

help 도움, 돕다   **opinion** 의견   **book** 책   **bath** 목욕   **any** 어떤   **money** 돈
actually 사실은, 실은

pattern 043

I want to...

~하고 싶어요, ~하면 좋겠어요

스스로 어떤 행동을 하고 싶다는 희망, 바람을 말할 때 「I want to+동사」 패턴을 쓸 수 있습니다. 하고 싶은 일을 동사로 표현하면 되는데, to 뒤에 쓰는 동사는 동사원형의 형태로 쓰죠.

자고 싶어요.	**I want to sleep.**
성공하고 싶어.	**I want to succeed.**
점심 먹고 싶어요.	**I want to have lunch.**
부자 됐으면 좋겠어.	**I want to be rich.**
일찍 일어나고 싶어.	**I want to get up early.**

A What do you want to do?
B 점심 먹고 싶어.

A 뭐 하고 싶어?
B **I want to have lunch.**

> **TiP**
> * have lunch는 '점심을 먹다'라는 뜻입니다. '먹다' 하면 가장 먼저 생각나는 단어가 eat일 거예요. 하지만 동사 have를 써서 '먹다(eat)' 또는 '마시다(drink)'의 뜻을 나타내기도 하죠.

 sleep 자다 succeed 성공하다 have lunch 점심을 먹다 have 가지다, 먹다, 마시다 rich 부자인, 부유한 get up 일어나다 early 일찍 do 하다

Day 09_73

I don't want to...

~하고 싶지 않아요

「I want to+동사」를 부정문으로 만들고 싶으면 동사 want 앞에 don't를 넣으면 됩니다. 「I don't want to+동사」는 '~하고 싶지 않아요'라는 뜻으로, 자신이 하고 싶지 않은 일에 대해 말할 때 사용합니다.

알고 싶지 않아요.	**I don't want to know.**
일하고 싶지 않아.	**I don't want to work.**
지각하고 싶지 않아요.	**I don't want to be late.**
난 그런 거 하고 싶지 않아.	**I don't want to do that.**
너랑 함께 있고 싶지 않아.	**I don't want to be with you.**

A 오늘은 일하고 싶지 않아.
B Really? What's wrong?

A **I don't want to work today.**
B 정말이야? 무슨 일 있어?

* work는 동사일 때는 '일하다', 명사일 때는 '직장'이라는 뜻이에요. '출근하다'는 go to work라고 하고, 반대로 '퇴근하다'는 get off work라고 해요.

 know 알다 work 일하다, 일 late 늦은, 지각한 do 하다 that 그것 with ~와 함께 today 오늘 really 정말 wrong 잘못된, 틀린

I just wanted to...

단지 ~하고 싶었을 뿐이에요

상대방이 자신의 행동에 대해 오해할 때 다른 특별한 이유는 없었다고 말하고 싶다면 이 패턴을 유용하게 쓸 수 있습니다. 특별한 이유가 있어서 그랬던 것이 아니라 '단지 ~하고 싶었을 뿐이다'라고 말하는 것이죠. I just wanted to 뒤에는 동사원형을 씁니다.

그냥 알고 싶었어.	**I just wanted to know.**
난 그저 잘해 주고 싶었을 뿐이었어.	**I just wanted to be nice.**
그냥 혼자 있고 싶었어.	**I just wanted to be alone.**
그저 모든 걸 잊고 싶었어.	**I just wanted to forget everything.**
그냥 토니에게 전화하고 싶었어요.	**I just wanted to call Tony.**

A Why do you ask that?
B 그냥 알고 싶었어.

A 그건 왜 물어?
B **I just wanted to know.**

* I just wanted to know.에서 just(그저) 대신에 only(오직)를 써서 표현하기도 해요.
e.g. I only wanted to know.

 know 알다 be nice 잘해 주다 alone 혼자서, 홀로 forget 잊다 everything 모든 것 call 전화하다 why 왜 ask 묻다

Day 09_75

Day 10 I like...

 다음 말을 영어로 할 수 있나요?

- 차가 근사한데.
  ☐ ☐ your car.

- 난 걷는 거 좋아해.
  ☐ ☐ ☐ walk.

- 난 담배 피우는 거 안 좋아해.
  ☐ ☐ ☐ ☐ smoke.

- 공부하는 거 안 좋아했어.
  ☐ ☐ ☐ ☐ study.

- 춤추고 싶어요.
  ☐ ☐ ☐ ☐ dance.

정답 | I like | I like to | I don't like to | I didn't like to | I would like to

pattern 046

I like...

~이 좋아요, ~이 마음에 들어요

어떤 것이 마음에 들면 '멋있다', '마음에 들어'라고 말을 하죠? 이때 쓸 수 있는 패턴입니다. '~이 좋아요'라는 뜻도 되지만, '~이 마음에 들어요'라는 뜻도 됩니다. 원래 동사 like는 '좋아하다'라는 뜻이지만, 때로는 '마음에 들다', '멋있다'라는 의미로도 확대 해석할 수 있습니다.

step 1 패턴 집중 훈련

네 재킷이 마음에 들어.	**I like your jacket.**
차가 근사한데.	**I like your car.**
이 장소가 마음에 들어요.	**I like this place.**
전 그녀가 좋아요.	**I like her.**
난 이곳이 마음에 들어.	**I like it here.**

step 2 리얼 회화 연습

A 네 재킷이 마음에 들어.
B Thanks.

A **I like your jacket.**
B 고마워.

> **+ Tip**
> * '멋있다', '마음에 들어'라고 할 때 동사 like 대신 love를 쓸 수 있습니다. I like your jacket.은 I love your jacket.이라고도 말할 수 있죠. like 보다는 love가 좋아한다는 의미가 더 강합니다.

---

jacket 재킷 **car** 차 **place** 장소 **here** 이곳에, 여기에

Day 10_77

pattern 047
I like to.../-ing

~하길 좋아해요

자신이 좋아하는 일에 대해 말할 때 쓸 수 있는 패턴입니다. like 뒤에는 to부정사나 -ing 둘 다 쓸 수 있죠.

step 1 패턴 집중 훈련

난 걷는 거 좋아해.	**I like to walk.**
나 운동하는 거 좋아해.	**I like to exercise.**
난 생선 먹는 거 좋아해.	**I like to eat fish.**
난 영어 배우는 걸 좋아해.	**I like learning English.**
영화 보는 걸 좋아해요.	**I like watching movies.**

step 2 리얼 회화 연습

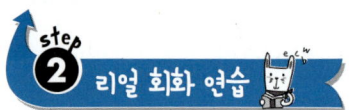

A What do you like to do?
B 난 걷는 거 좋아해.

A 넌 뭐 하는 걸 좋아해?
B **I like to walk.**

* walk은 동사일 때는 '걷다', '산책하다'의 뜻이지만, 명사로는 '걷기', '산책', '걸음'이라는 뜻이에요. 예를 들어, take a walk(산책하다)에서 walk은 명사로 쓰인 것이죠.

walk 걷다　exercise 운동하다　eat 먹다　fish 생선　learn 배우다　English 영어
watch movies 영화를 보다　do 하다

pattern 048
I don't like to.../-ing

~하는 거 안 좋아해요

「I like+to부정사/동명사」패턴의 부정형으로, 자신이 싫어하는 일에 대해 말할 때 쓸 수 있습니다. '~하는 거 안 좋아해요', '~하는 거 싫어해요'라는 뜻입니다.

step 1 패턴 집중 훈련

난 담배 피우는 거 안 좋아해.	**I don't like to smoke.**
감자 먹는 거 안 좋아해.	**I don't like to eat potatoes.**
난 축구 하는 거 안 좋아해요.	**I don't like to play soccer.**
일하는 걸 별로 안 좋아해.	**I don't like working.**
음악 듣는 걸 좋아하지 않아.	**I don't like listening to music.**

step 2 리얼 회화 연습

A Do you like to smoke?
B No, 난 담배 피우는 거 안 좋아해.

A 담배 피우는 거 좋아해?
B 아니, **I don't like to smoke.**

TIP
* 상대방이 Do you like to smoke? 라고 물어볼 때 담배 피우는 것을 좋아하면 Yes. 또는 Yes, I do.로, 안 좋아하면 No. 또는 No, I don't.로 대답하면 돼요.

 smoke 담배를 피우다 eat 먹다 potato 감자 play soccer 축구를 하다 work 일하다
listen to ~을 듣다 music 음악

Day 10_79

I didn't like to.../-ing

~하는 거 안 좋아했어요

현재가 아닌 과거에 무언가 하는 것을 좋아하지 않았다고 말하려면 「I didn't like+to부정사/동명사」 패턴을 쓰면 됩니다. '~하는 거 안 좋아했어요'라는 뜻으로, 단순히 과거의 사실만을 말하는 것이지 현재에도 여전히 안 좋아하는지는 알 수가 없습니다.

step 1 패턴 집중 훈련

노래하는 거 안 좋아했어.	**I didn't like to sing.**
공부하는 거 안 좋아했어.	**I didn't like to study.**
낚시하는 거 안 좋아했어요.	**I didn't like to go fishing.**
난 눈물 흘리는 걸 안 좋아했어.	**I didn't like crying.**
독서하는 걸 안 좋아했어.	**I didn't like reading.**

step 2 리얼 회화 연습

A Did you like to study?
B No, 공부하는 거 안 좋아했어.

A 공부하는 거 좋아했어?
B 아니, **I didn't like to study.**

TiP
* study 다음에 목적어로 English(영어), Spanish(스페인어), Chinese(중국어) 또는 Japanese(일본어)를 넣어 '~을 공부하다'라는 뜻을 만들 수 있어요.

sing 노래하다   study 공부하다   go fishing 낚시하러 가다, 낚시하다   cry 울다   read 읽다

I would like to...

~하고 싶어요

동사 like는 '좋아하다'라는 뜻이지만, would like to…라고 하면 '~하고 싶어요'라는 뜻입니다. want to…와 비슷한 뜻이지만 좀 더 간절한 표현이죠. 뭔가를 하고 싶다고 정중하게 말하려면 「I would like to+동사」로 표현하면 됩니다. 의미는 '~하고 싶어요'로 I would를 I'd로 줄여서 말하기도 합니다.

step 1 패턴 집중 훈련

춤추고 싶어요.	**I would like to dance.**
거기 가고 싶군요.	**I would like to go there.**
방 청소하고 싶어요.	**I would like to clean the room.**
그녀를 만나고 싶어요.	**I would like to meet her.**
쇼핑하고 싶어요.	**I would like to go shopping.**

step 2 리얼 회화 연습

A What would you like to do now?
B 쇼핑하고 싶어요.

A 지금 뭐 하고 싶어요?
B **I would like to go shopping.**

TiP
* go shopping은 '쇼핑하다'라는 뜻이에요. go -ing 형태로 동작을 표현할 수 있죠.
e.g. go fishing(낚시하다),
go camping(캠핑하다),
go jogging(조깅하다),
go swimming(수영하다),
go hiking(하이킹하다)

---

 dance 춤추다 go 가다 there 그곳, 거기 clean the room 방을 청소하다 meet 만나다
go shopping 쇼핑하다 do 하다 now 지금

Day 11 I have...

 다음 말을 영어로 할 수 있나요?

- 돈 없어.

　　　　　　　　　　　money.

- 남자친구 없어요.

　　　　　　　　　　　a boyfriend.

- 난 딸이 없었단 말이야.

　　　　　　　　　　　a daughter.

- 난 지금 가야 해.

　　　　　　　　　　　go now.

- 난 서두를 필요 없어요.

　　　　　　　　　　　　　hurry.

정답] I have no | I don't have | I didn't have | I have to | I don't have to

pattern 051

I have no...

~이 없어요

'(나는) ~이 없어요'를 가장 쉽게 표현하는 것이 「I have no+명사(구)」입니다. 여기서 no는 '어떤 ~도 없는'의 뜻으로 뒤에 오는 명사(구)를 수식합니다. 「I don't have any+명사(구)」라고 해도 같은 의미입니다. 하지만 「I have no+명사(구)」에는 '없다'라는 뉘앙스가 훨씬 더 짙게 깔려 있습니다.

가방 없어요.	**I have no bag.**
난 경험이 없어.	**I have no experience.**
돈 없어.	**I have no money.**
시간 없어.	**I have no time.**
난 컴퓨터가 없거든.	**I have no computer.**

A Can I borrow some money?
B Sorry, but 돈 없어.

A 돈 좀 빌릴 수 있을까?
B 미안한데, **I have no money.**

TiP
* 뭔가를 상대방으로부터 '빌리다'라고 할 때 동사 borrow(빌리다)를 사용해요. 반대로 '빌려 주다'라고 할 때는 동사 lend(빌려주다)를 사용합니다.

 bag 가방   experience 경험   money 돈   time 시간   computer 컴퓨터   borrow 빌리다

I don't have...

~이 없어요

현재 자신에게 없는 것을 얘기할 때 쓰는 패턴으로, '~이 없어요'라는 뜻입니다. 「I have+명사(구)」(~이 있어요)를 부정문으로 만든 것이죠. 종종 「I don't have any+명사(구)」 형태로도 쓰는데, 이 경우 없다는 의미가 더 강조됩니다.

남자친구 없어요.   **I don't have a boyfriend.**

차 없어요.   **I don't have a car.**

전혀 모르겠어.   **I don't have any idea.**

현금이 없어.   **I don't have any cash.**

전 형제가 없어요.   **I don't have any brothers.**

A Do you have a car?
B 차 없어요.

A 차 있어요?
B **I don't have a car.**

* 동사 have로 다양한 표현들을 만들 수 있어요.
'차가 있다'는 have a car,
'식사를 하다'는 have a meal,
'샤워를 하다'는 have a shower,
'모임을 갖다'는 have a meeting

 boyfriend 남자친구 car 차 idea 생각, 의견 cash 현금 brother 남자 형제

pattern 053

I didn't have...

~이 없었어요

'~이 있다'는 There is[are]...인데, '나에게 ~이 있다'라고 할 때는 I have...라고 해요. '나에게 ~이 없다'는 I don't have...라고 하면 되겠죠. 과거형은 「I didn't have+명사(구)」로 '~이 없었어요'라고 해석해요. 즉, 과거에 자신에게 없었던 것을 표현할 때 사용하는 패턴이에요.

step 1 패턴 집중 훈련

난 딸이 없었단 말이야.	**I didn't have** a daughter.
난 기회가 없었어.	**I didn't have** a chance.
난 휴가가 없었어.	**I didn't have** a vacation.
충분한 시간이 없었어요.	**I didn't have** enough time.
푹 못 잤어.	**I didn't have** enough sleep.

step 2 리얼 회화 연습

A You look so tired today.
B 지난밤 푹 못 잤어.

A 너 오늘 무척 피곤해 보여.
B **I didn't have enough sleep last night.**

> **TiP**
> *상대방의 모습이 평소와는 사뭇 달라 보일 때 「You look+형용사」 패턴으로 말을 합니다. '피곤해 보여.'는 You look tired., '너 졸려 보여.'는 You look sleepy., '행복해 보여.'는 You look happy.가 되겠죠.
> (You look... 패턴은 pattern 106에서 자세하게 배울 것입니다.)

 daughter 딸 chance 기회 vacation 휴가 enough 충분한 time 시간 sleep 수면, 자다
look+형용사 ~해 보이다 so 아주, 너무(강조) tired 피곤한 today 오늘 last night 지난밤에

I have to...

~해야 해요

뭔가를 당연히 해야 한다고 말할 때 「have to+동사」를 사용해서 표현합니다. 당위성이 내포되어 있죠. 「I have to+동사」는 '~해야 해요'의 뜻으로, 당연히 내가 그렇게 해야만 하는 입장일 때 사용합니다.

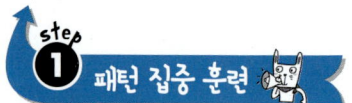

난 지금 가야 해.	**I have to go now.**
마이크에게 전화해야 해.	**I have to call Mike.**
난 더 공부해야 해.	**I have to study more.**
난 약속을 지켜야 해.	**I have to keep my promise.**
난 해야 할 일이 있어.	**I have to do something.**

A 난 지금 가야 해.
B Okay. Have a nice day.

A **I have to go now.**
B 알았어. 좋은 하루 보내.

 go 가다 now 지금 call 전화하다 study 공부하다 more 좀 더 keep one's promise 약속을 지키다 do something 뭔가를 하다 have a nice day 좋은 하루 보내다

pattern 055
I don't have to...

~할 필요 없어요, ~하지 않아도 돼요

have to...가 '~해야 한다'라는 뜻이라 don't have to를 '~해서는 안 된다'라고 생각하기 쉬운데, don't have to...는 '~할 필요가 없다', '~하지 않아도 된다'라는 뜻이니 헷갈리지 않도록 주의하세요. don't need to...와도 같은 의미입니다. 참고로 '~해서는 안 된다'는 shouldn't를 써서 표현합니다.

step 1 패턴 집중 훈련

난 서두를 필요 없어요.	**I don't have to hurry.**
사과할 필요가 없어.	**I don't have to apologize.**
난 그럴 필요까진 없어.	**I don't have to do that.**
난 걱정 안 해도 돼.	**I don't have to worry.**
난 그거 대답할 필요 없어.	**I don't have to answer that.**

step 2 리얼 회화 연습

A Don't you have to help him?
B No, 난 그럴 필요까진 없어.

A 그 애를 도와야 하는 거 아니야?
B 아니, **I don't have to do that.**

 TIP
* 상대방이 뭔가를 당연히 해야 한다는 확신이 들 때 상대방의 의향을 확인하기 위해 Don't you have to...? 라고 물어보죠. '~해야 하는 거 아니야?'의 뜻이에요.

---

 have to ~해야 한다 **hurry** 서두르다 **apologize** 사과하다 **do that** 그것을 하다, 그렇게 하다
worry 걱정하다 **answer** 대답하다 **help** 돕다

Day 12
I think… / I know…

 다음 말을 영어로 할 수 있나요?

- 내가 널 좋아하는 것 같아.

  ☐ ☐ ☐ like you.

- 나 못 떠날 것 같아.

  ☐ ☐ ☐ ☐ can leave.

- 내가 알고 있다고 생각했거든.

  ☐ ☐ I knew.

- 나 스텔라 알아.

  ☐ ☐ Stella.

- 난 아무것도 몰라.

  ☐ ☐ ☐ anything.

정답 I think | I don't think | I thought | I know | I don't know

pattern 056

I think I...

~인 것 같아요

상대방에게 조심스럽게 자신의 생각을 말할 때 쓰는 패턴입니다. 직역하면 '난 ~라고 생각해요'이지만, '~인 것 같아요'라고 해석하는 게 더 자연스럽죠. I think와 그 뒤의 I 사이에는 접속사 that이 생략되어 있습니다.

step 1 패턴 집중 훈련

내가 널 좋아하는 것 같아.　**I think I like you.**

(그거) 괜찮은 것 같아요.　**I think I like it.**

내가 옳은 것 같은데.　**I think I'm right.**

좀 나아진 것 같아.　**I think I feel better.**

가야 할 것 같아.　**I think I have to go.**

step 2 리얼 회화 연습

A What do you think of that?
B 괜찮은 것 같아요.

A 그거 어때요?
B **I think I like it.**

> ★ TiP
> * What do you think of…?는 '~을 어떻게 생각해요?', 즉 '~은 어때요?'라는 뜻이에요. 머릿속에서 순간적으로 떠오르는 생각이나 의견을 말해달라고 부탁할 때 사용합니다. (What do you think of…? 패턴은 pattern 188에서 자세하게 배울 겁니다.)

 like 좋아하다, 마음에 들다　it 그것　right 옳은　feel better 기분이 나아지다, 기분이 좋아지다
have to go 가야 한다

Day 12_89

I don't think I...

~인 것 같지 않아요

자신의 생각을 좀 누그러뜨려 상대방에게 조심스럽게 '~인 것 같지 않아요'라고 말할 때 이 패턴을 씁니다. I think I...(~인 것 같아요) 패턴의 부정형이죠.

내가 현명한 것 같진 않아.	**I don't think I'm smart.**
나 술 취한 것 같지는 않은데.	**I don't think I'm drunk.**
나 못 떠날 것 같아.	**I don't think I can leave.**
나 이거 못할 것 같단 말이야.	**I don't think I can do this.**
제가 그를 좋아하는 것 같진 않아요.	**I don't think I like him.**

A Do you like Robert?
B 제가 그를 좋아하는 것 같진 않아요.

A 로버트 좋아해요?
B **I don't think I like him.**

* '~인 것 같지 않아요.'라고 말할 때 I don't think 뒤에는 긍정문을 써야 합니다. 부정의 뜻을 나타낸다고 해서 뒤에 부정문을 쓰지 않도록 주의하세요. 이미 I don't think에 부정의 의미가 있으니 뒤에 또 부정문을 쓰면 이중부정으로 다른 뜻이 되어 버립니다.

 smart 재치 있는, 똑똑한   drunk 술에 취한   can ~할 수 있다   leave 남겨두다, 떠나다
do this 이것을 하다   like 좋아하다

pattern 058

I thought (that)...

~라고 생각했어요, ~인 줄 알았어요

자기가 과거에 뭔가 잘못 알고 있었던 사실을 상대방에게 얘기할 때는 think의 과거동사인 thought를 씁니다. I thought...은 '~라고 생각했어요', '~인 줄 알았어요'의 뜻입니다. 뒤에는 「(that)+주어+동사」가 오는데, 접속사 that은 회화에서는 종종 생략합니다.

step 1 패턴 집중 훈련

내가 어리석었다고 생각했어.	**I thought I was foolish.**
내가 알고 있다고 생각했거든.	**I thought I knew.**
난 네가 늦었다고 생각했어.	**I thought you were late.**
그게 네 것인 줄 알았어.	**I thought it was yours.**
우린 충분한 대화를 나눴다고 생각했어요.	**I thought we talked enough.**

step 2 리얼 회화 연습

A Whose watch is this?
B 그게 네 것인 줄 알았어.

A 이거 누구 시계야?
B **I thought it was yours.**

TIP
* yours는 '너의 것'이라는 뜻의 소유대명사입니다. 이밖의 소유대명사로는 mine(내 것), his(그의 것), hers(그녀의 것), ours(우리 것), 그리고 theirs(그들의 것)가 있어요.

 foolish 미련한, 어리석은   know 알다   late 늦은   yours 너의 것   talk 말하다
enough 충분히, 충분한   whose 누구의   watch 시계   this 이것, 이거

pattern 059

I know...

~을 알아요

사람이나 사물에 대해 '알고 있다'라고 말할 때 사용하는 동사가 know예요. I know…는 '~을 알아요'라는 뜻으로, 뒤에는 명사(구)나 절을 씁니다.

step 1 패턴 집중 훈련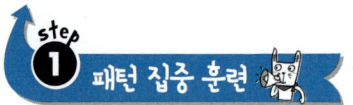

나 스텔라 알아.	**I know Stella.**
난 그녀를 잘 알아.	**I know her well.**
난 당신 이름을 알아요.	**I know your name.**
이 지역 알아.	**I know this area.**
네 말 무슨 뜻인지 알아.	**I know what you mean.**

step 2 리얼 회화 연습

A **Do you know about Stella?**
B 난 그녀를 잘 알아.

A 스텔라에 대해 좀 알아?
B **I know her well.**

* 동사 know 뒤에 목적어로 사람을 지칭하는 명사나 대명사가 나오면 그 사람에 대해 '개인적으로 (personally) 너무 잘 알고 있다'는 의미가 돼요.

 her 그녀를   well 잘, 충분히   name 이름   area 지역   what + 주어 + 동사 ~하는 것, ~한 것
mean 의미하다   know about ~에 대해 알다

I don't know...

~을 몰라요

자신이 모르는 사실에 대해 말할 때 「I don't know+명사(구)/절」의 패턴을 유용하게 쓸 수 있습니다. 「I know+명사(구)/절」의 부정문이죠. 동사 know 다음에 전치사 about이 나올 경우 '~에 대해 알다'라는 의미가 된다는 것도 기억해 두세요.

난 아무것도 몰라.	**I don't know anything.**
그 애에 대해서 난 몰라.	**I don't know anything about him.**
이유를 모르겠어요.	**I don't know why.**
뭘 해야 할지 모르겠어.	**I don't know what to do.**
난 당신이 누군지 모르겠어요.	**I don't know who you are.**

A Why didn't she get married?
B 이유를 모르겠어요.

A 왜 그녀가 결혼을 안 했죠?
B **I don't know why.**

 anything 아무것 about ~에 대해 why 이유, 까닭, 왜 what to do 무엇을 해야 할지 who 누구
get married 결혼하다

Day 13 I + 과거동사

 다음 말을 영어로 할 수 있나요?

- 부끄러웠어.
  ☐ ☐ shy.

- 예전에 여기서 살았어.
  ☐ ☐ ☐ live here.

- 나 담배 끊었어.
  ☐ ☐ smoking.

- 그 소식 들었어.
  ☐ ☐ about that.

- 열쇠를 잊고 왔어.
  ☐ ☐ my keys.

정답 | felt | used to | stopped | heard | forgot

I felt...

~한 기분이 들었어요, (기분이) ~했어요

자신의 과거 상태나 기분을 말할 때 쓰는 패턴입니다. '~한 기분이 들었어요', '(기분이) ~했어요'라는 뜻으로, I felt... 뒤에는 형용사가 와야 합니다.

부끄러웠어.	**I felt shy.**
기분 좋았어.	**I felt good.**
초조했어.	**I felt nervous.**
지루했어.	**I felt bored.**
당황했어요.	**I felt embarrassed.**

A How were you feeling this morning?
B 기분 좋았어.

A 오늘 아침 기분 어땠어?
B **I felt good.**

* '오늘 기분 어때?'라고 안부를 물어볼 때 How are you feeling today?라고 하죠? 현재가 아니라 과거의 기분이 어땠는지를 물어볼 때는 How were you feeling...?이라고 하면 됩니다. feeling 뒤에는 시간/시점을 나타내는 부사(구)를 써야 하죠.

 shy 부끄러운 good 좋은 nervous 초조한, 긴장되는 bored 지루한 embarrassed 당황한
this morning 오늘 아침

I used to...

(예전에) ~하곤 했어요

「I used to+동사원형」은 '예전에 ~하곤 했어요'라는 의미로, 과거에 반복되었던 자신의 행동이나 상태를 말할 때 씁니다. 과거에는 그랬으나 지금은 더 이상 하지 않는다(no longer)는 뜻이 내포되어 있다는 걸 꼭 기억하세요.

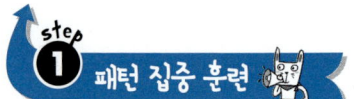

예전엔 운전하곤 했었지.	**I used to** drive.
난 피자를 좋아하곤 했어.	**I used to** like pizza.
예전에 여기서 살았어.	**I used to** live here.
전 옛날엔 간호사였어요.	**I used to** be a nurse.
예전에 난 똑똑했었는데.	**I used to** be smart.

A Do you still live in this town?
B No, but 예전에 여기서 살았어.

A 아직 이 마을에서 살아?
B 아니, 하지만 **I used to live here.**

 TiP

* 「used to+동사원형」은 '(예전에) ~하곤 했다'라는 뜻이지만, 「be used to+(대)명사/동명사」는 '~에 익숙하다'라는 뜻이에요. 예를 들어 I used to swim here.는 '난 이곳에서 수영하곤 했어.'라는 뜻이지만, I'm used to swimming here.라고 하면 '난 여기서 수영하는 것에 익숙해.'라는 의미이죠. 둘 다 used to가 들어간 표현이지만 의미가 전혀 다르니 구분해서 알아두세요.

 no longer 더 이상 ~하지 않다 **drive** 운전하다 **like** 좋아하다 **pizza** 피자 **live** 살다 **here** 이곳에, 여기에 **nurse** 간호사 **smart** 현명한 **still** 아직도 **town** 마을

pattern 063

I stopped -ing

~하는 거 그만뒀어요

동사 stop 다음에 동명사(-ing)가 나오면 '~하는 것을 그만두다'라는 뜻이에요. 과거 습관이나 행동을 더 이상 계속하지 않고 그만두었다고 말할 때 I stopped -ing 패턴을 사용하죠. stop 다음에 -ing가 아닌 to부정사(to+동사원형)를 쓰면 '~하기 위해 멈추다'라는 뜻이니 구분해서 알아두세요.

step 1 패턴 집중 훈련

난 술 끊었어.	**I stopped drinking.**
나 담배 끊었어.	**I stopped smoking.**
난 그거 배우는 거 관뒀어.	**I stopped learning it.**
커피는 끊었어요.	**I stopped drinking coffee.**
피아노 치는 거 그만뒀어.	**I stopped playing the piano.**

step 2 리얼 회화 연습

A 나 담배 끊었어.
B You finally did it.

A I stopped smoking.
B 드디어 담배 끊었구나!

> **TIP**
> * stop smoking은 '담배를 끊다'라는 뜻이고, stop to smoke라고 하면 '담배를 피우기 위해 걸음을 멈추다'라는 뜻이에요.

ABC drink (술을) 마시다 smoke 담배를 피우다 learn 배우다 coffee 커피
play the piano 피아노를 연주하다 finally 드디어, 마침내

I heard...

~을 들었어요

'듣다'라고 하면 가장 먼저 머릿속에서 생각나는 단어가 hear일 거예요. heard는 동사 hear의 과거형으로 '들었다'라는 뜻이죠. 「I heard+(대)명사/전치사구/절」은 '~을 들었어요'라는 뜻으로, 과거에 자신이 들었던 내용을 말할 때 사용합니다.

진실을 들었어요.	**I heard the truth.**
아무것도 못 들었어.	**I heard nothing.**
그 소식 들었어.	**I heard about that.**
켈리로부터 소식 들었어.	**I heard from Kelly.**
네가 이사한다고 들었어.	**I heard you're moving.**

A 네가 이사한다고 들었어.
B **That's right.**

A **I heard you're moving.**
B 맞아.

* That's right.는 상대방이 한 말에 적극적으로 동의할 때 쓰는 표현입니다. You're right.(네 말이 맞아.), That's true.(그건 그래.)도 자주 씁니다.

 truth 진실, 사실   nothing 아무것도 (~ 아니다)   about ~에 대해   that 그것   from ~(로)부터
move 이사하다   right 옳은, 맞는

I forgot...

~을 잊었어요

forgot은 동사 forget(잊다)의 과거형으로, '잊었다'라는 뜻입니다. I forgot... 뒤에는 명사(구), 대명사, to부정사, 절 등이 올 수 있어요. 특히 I forgot 뒤에 to부정사가 오면 '(미래에) ~할 것을 잊어버렸다'라는 의미입니다.

열쇠를 잊고 왔어.	**I forgot my keys.**
그의 주소를 까먹었어.	**I forgot his address.**
그걸 깜빡했어.	**I forgot about that.**
문 닫는 걸 잊었어.	**I forgot to close the door.**
그에게 전화했던 걸 까먹었어.	**I forgot that I called him.**

A Hey, what's wrong?
B 문 닫는 걸 잊었어.

A 이봐, 무슨 일이야?
B **I forgot to close the door.**

> **TiP**
> *close가 동사로 사용될 때는 '닫다', '끝내다'의 뜻이지만, 형용사로 사용될 때는 '가까운', '친밀한'이에요. close the door가 '문을 닫다'인 반면에 a close friend는 '친한 친구'라는 뜻이죠.

 key 열쇠 address 주소 that 그것 close the door 문을 닫다 call 전화하다 hey 이봐 wrong 틀린, 잘못된

Day 14 I can...

 다음 말을 영어로 할 수 있나요?

- 도와줄 수 있어.
  　　　　　　 help you.

- 포기하지 못해.
  　　　　　　 give up.

- 아무것도 기억이 안 나.
  　　　　　　　　 anything.

- 잘 수가 없었어.
  　　　　　　 sleep.

- 지금 가도 돼?
  　　　　　　 go now?

정답 | can | can't | can't remember | couldn't | Can |

I can...
~할 수 있어요

어떤 일을 할 수 있는 능력이 있다고 말할 때 조동사 can을 사용합니다. 또한, '가능성'이나 '허락'의 의미로도 쓰죠. 자신이 할 수 있는 일을 표현할 때 I can... 패턴을 유용하게 쓸 수 있습니다.

난 할 수 있어.	**I can do it.**
느낄 수 있어.	**I can feel it.**
도와줄 수 있어.	**I can help you.**
나 일본어 할 줄 알아.	**I can speak Japanese.**
널 기다릴 수 있어.	**I can wait for you.**

A Can you help me with this?
B Sure, 도와줄 수 있어.

A 이것 좀 도와줄래?
B 물론이지, **I can help you.**

* 동사 help(돕다)로 만들 수 있는 다양한 표현들을 알아봅시다.
Help me. 날 좀 도와줘.
Help me up. 날 좀 일으켜 줘.
Help yourself. 마음껏 드세요.

do 하다   feel 느끼다   help 돕다   speak 말하다   Japanese 일본어   wait for ~을 기다리다
sure 물론이지

pattern 067
I can't...

~ 못해요

조동사 can의 부정형은 cannot, 줄이면 can't인데, 회화에서는 주로 can't를 씁니다. 자신의 능력으로 도저히 할 수 없는 일이라고 말할 때 「I can't+동사」 패턴을 쓰죠. '~을 할 수 없다', '~하지 못한다'라는 뜻이에요.

step 1 패턴 집중 훈련

설명 못하겠어.	**I can't explain.**
너에게 말 못해.	**I can't tell you.**
난 닭은 못 먹어.	**I can't eat chicken.**
포기하지 못해.	**I can't give up.**
난 더 길게는 얘기 못하겠어.	**I can't talk much longer.**

step 2 리얼 회화 연습

A 난 닭은 못 먹어.
B **Neither can I.**

A **I can't eat chicken.**
B 나도 마찬가지야.

★ TiP
*상대방이 못하는 걸 자신도 못할 때 '나도 마찬가지야.'라고 말하면서 맞장구를 치죠? 이 말은 Neither can I.라고 해요. neither는 '~도 또한 …이 아니다'라는 뜻으로, 「Neither+be동사/조동사+주어」의 형태로 사용된답니다.

explain 설명하다 **tell** 말하다, 이야기하다 **eat** 먹다 **chicken** 닭 **give up** 포기하다
talk much longer 더 길게 얘기하다

pattern 068

I can't remember...

~이 기억이 안 나요, ~이 생각 안 나요

뭔가를 기억하려고 해도 도무지 기억이 안 날 때 정말 마음이 답답하죠. 이런 자신의 마음을 잘 표현할 수 있는 말이 바로 「I can't remember+(대)명사/절」입니다. '~이 기억이 안 나요', '~이 생각 안 나요'라는 뜻이에요.

step 1 패턴 집중 훈련

그의 이름이 기억이 안 나.	**I can't remember his name.**
아무것도 기억이 안 나.	**I can't remember anything.**
그녀의 얼굴이 생각 안 나.	**I can't remember her face.**
그 장소가 기억이 안 나.	**I can't remember that place.**
내가 뭘 했는지 기억이 안 나요.	**I can't remember what I did.**

step 2 리얼 회화 연습

A Can you remember what happened here?
B No, 아무것도 기억이 안 나.

A 여기서 무슨 일 있었는지 기억나?
B 아니, **I can't remember anything.**

---

remember 기억하다   **name** 이름   **anything** 아무것도   **face** 얼굴   **place** 장소
what I did 내가 한 것   **happen** 발생하다, 일어나다   **here** 이곳, 여기에

Day 14_103

I couldn't...

~ 할 수 없었어요

현재가 아닌 과거에 자신이 할 수 없었던 일이라고 말할 때는 「I couldn't+동사」 패턴을 씁니다. 뜻은 '~할 수 없었어요'예요. couldn't는 could not의 줄임말로, can't의 과거형입니다.

잊을 수가 없었어요.	**I couldn't forget.**
잘 수가 없었어.	**I couldn't sleep.**
그걸 찾을 수가 없었어.	**I couldn't find it.**
그 애를 도와줄 수 없었어.	**I couldn't help him.**
그녀에게 전화할 수 없었어요.	**I couldn't call her.**

A Did you call Cindy last night?
B **Actually,** 그녀에게 전화할 수 없었어요.

A 지난밤에 신디에게 전화했어요?
B 실은, **I couldn't call her.**

 TiP

* call이 동사로 '전화하다'지만 명사로는 '통화', '전화를 걺'이에요. 즉, 누군가에게 '전화하다'라고 하면 동사 call을 사용하지만, give ~ a call(~에게 전화하다)처럼 call을 명사로 사용해서 표현하기도 하죠.

 forget 잊다, 까먹다   sleep 자다   find 발견하다, 찾다   help 돕다   call 전화하다   last night 지난밤
actually 실은, 사실은

Can I...?

~해도 돼요?

뭔가를 하기 전에 상대방에게 먼저 허락을 구할 때가 있죠? 이럴 때 「Can I+동사?」 패턴을 쓸 수 있어요. '~해도 될까요?'의 뜻이죠. can을 '~할 수 있다'는 뜻으로 해석하면 Can I...?는 '~할 수 있을까요?'란 의미이겠지만, '~해도 될까요?'의 의미로 더 많이 사용합니다.

도와줄까요?	**Can I help you?**
여기 주차해도 돼요?	**Can I park here?**
지금 가도 돼?	**Can I go now?**
커피 좀 줄래요?	**Can I get some coffee?**
지금 열어 봐도 돼?	**Can I open it now?**

A 도와줄까요?
B No, thanks. I'm just looking.

A **Can I help you?**
B 괜찮아요. 그냥 구경하는 거예요.

*백화점 같은 곳에서 자기가 원하는 물건을 사려면 먼저 주위를 둘러봐야 겠죠? 도움을 주려는 점원에게 '그냥 구경하는 거예요.'라고 말할 때 I'm just looking.이라고 하면 됩니다.

help 돕다   park 주차하다   go 가다   now 지금   get some coffee 커피를 좀 마시다   open 열다
just 그냥   look 보다

Day 15 기타 필수 패턴

다음 말을 영어로 할 수 있나요?

- 청소하는 게 즐거워.

  ☐ ☐ cleaning.

- 공부하고 싶어.

  ☐ ☐ ☐ studying.

- 나 잘 시간 없어.

  ☐ ☐ ☐ ☐ ☐ sleep.

- 난 서 있는 거 괜찮거든.

  ☐ ☐ ☐ standing.

- 난 그를 도울 거야.

  ☐ ☐ help him.

정답 ┃ I enjoy ┃ I feel like ┃ I don't have time to ┃ I don't mind ┃ I will

I enjoy -ing

~이 즐거워요

좋아서 하는 일은 매일 해도 지겹지 않죠? 한마디로 즐기게 되는 것인데, 이런 말을 할 때 동사 enjoy를 쓸 수 있어요. '~하는 게 즐겁다'라고 할 때 enjoy 뒤에는 꼭 -ing 형태가 옵니다. enjoy -ing는 '~하는 것을 즐기다', 즉 '~이 즐거워요'라는 의미죠.

step 1 패턴 집중 훈련

난 쇼핑하는 걸 즐겨.	**I enjoy shopping.**
청소하는 게 즐거워.	**I enjoy cleaning.**
차 마시는 걸 즐겨요.	**I enjoy drinking tea.**
그녀와 있으면 즐거워요.	**I enjoy being with her.**
난 테니스 치는 걸 즐겨.	**I enjoy playing tennis.**

step 2 리얼 회화 연습

A What do you enjoy?
B 난 쇼핑하는 걸 즐겨.

A 뭘 즐겨?
B **I enjoy shopping.**

TiP
* 쇼핑(shopping)과 관련된 표현들을 살펴볼게요.
go shopping 쇼핑하다
shop online 온라인 쇼핑하다
go window-shopping 아이쇼핑 하다
make a shopping list 쇼핑 목록을 작성하다
eye-shopping이 콩글리시이며, 정확한 영어 표현은 window-shopping이라는 것도 기억하세요.

---

 shop 쇼핑하다 clean 청소하다 drink 마시다 tea 차 with ~와 함께
play tennis 테니스를 치다

I feel like -ing

~하고 싶어요

'~하고 싶다'고 할 때 I want to…라고 한다고 앞에서 배웠는데(pattern 043), I feel like -ing 패턴을 써도 같은 뜻을 표현할 수 있어요. 여기서 like는 동사가 아니라 전치사이기에 뒤에 목적어로 동명사(-ing)가 나왔다는 것도 같이 알아두세요. '~하고 싶지 않아요'라고 말할 때는 I don't feel like -ing라고 하면 되죠.

공부하고 싶어.	**I feel like studying.**
요리하고 싶어요.	**I feel like cooking.**
일하고 싶어.	**I feel like working.**
외식하고 싶어.	**I feel like eating out.**
산책하고 싶어.	**I feel like taking a walk.**

A What do you feel like doing?
B 외식하고 싶어.

A 뭐 하고 싶어?
B **I feel like eating out.**

* '외식하다'를 영어로 말하려면 입에서 쉽게 나오지 않는데, eat out이라고 하면 됩니다. 직역했을 때 밖에서 먹는 것이니 '외식하다'라는 의미를 연상할 수 있겠죠.

study 공부하다   cook 요리하다   work 일하다   eat out 외식하다   take a walk 산책하다
do 하다

I don't have time to...

~할 시간이 없어요

정신없이 바쁠 때 '~할 시간이 없어요'라고 하는데, 이 말을 「I don't have time to+동사」 패턴을 써서 말합니다. to 뒤에는 동사원형이 오는데, 「to+동사원형」이 time을 수식해 주는 형용사 역할을 합니다. 무엇을 할 시간을 말하는지를 설명해 주는 것이죠.

나 술 마실 시간 없어.	**I don't have time to drink.**
운동할 시간 없어요.	**I don't have time to exercise.**
나 잘 시간 없어.	**I don't have time to sleep.**
영화 볼 시간 없거든.	**I don't have time to see a movie.**
조깅할 시간 없어.	**I don't have time to go jogging.**

A Let's drink together.
B Well, 나 술 마실 시간 없어.

A 함께 술 한잔하자.
B 글쎄, **I don't have time to drink.**

* let's는 let us의 줄임말로, 상대방에게 뭔가를 같이 하자고 제안할 때 Let's…라고 합니다.
(Let's… 패턴은 pattern 149에서 자세하게 배울 것입니다.)

drink (술을) 마시다   exercise 운동하다   sleep 자다   see a movie 영화를 보다
go jogging 조깅하다   Let's ~하자   together 함께   well 글쎄

I don't mind -ing

~해도 상관없어요, ~해도 괜찮아요

어떤 일을 하는 것에 대해 전혀 개의치 않는다고 말할 때 동사 mind를 사용합니다. '꺼리다'라는 의미로 뒤에는 항상 동명사(-ing)가 오죠. I don't mind -ing는 '~하는 것을 꺼리지 않아요', 즉, '~해도 상관없어요', '~해도 괜찮아요'라는 뜻입니다.

걷는 거 전 괜찮아요.   **I don't mind walking.**

난 서 있는 거 괜찮거든.   **I don't mind standing.**

그거 사는 거 난 괜찮아.   **I don't mind buying that.**

여기서 기다려도 난 상관없어.   **I don't mind waiting here.**

널 도와주는 거 난 괜찮아.   **I don't mind helping you.**

A Tony, can you wait here?
B Of course, 여기서 기다려도 난 상관없어.

A 토니, 여기서 기다려 줄래?
B 물론이지, **I don't mind waiting here.**

* Can you wait here? 같은 상대방의 부탁에 긍정적인 답변을 할 때, Of course.(물론이지.)라고 말해요. Sure, no problem.(물론, 괜찮아.)이나 Yes, I can.이라고도 할 수 있죠.

walk 걷다   stand 서다, 서 있다   buy 사다   that 그거   wait 기다리다   here 이곳, 여기에
help 돕다   of course 물론이지

I will...

~할 거예요

미래에 '~할 거예요'라고 말할 때 이 패턴을 씁니다. 앞에서 I'm going to...도 '~할 거예요'라는 뜻이라고 배웠죠?(pattern 028) 즉흥적으로 자신이 미래에 할 일을 말할 때는 I will...을 쓰고, 미래에 할 일을 미리 결정했거나 계획해 둔 상태에서는 I'm going to...를 씁니다. 회화에서는 I will을 줄인 I'll도 많이 써요.

step 1 패턴 집중 훈련

난 그를 도울 거야.	**I will help him.**
내일 할 거야.	**I will do it tomorrow.**
널 거기에 데려다 줄게.	**I will take you there.**
하이킹 할 거야.	**I will go hiking.**
알려줄게요.	**I will let you know.**

step 2 리얼 회화 연습

A 널 거기에 데려다 줄게.
B Thanks.

A **I will take you there.**
B 고마워.

TIP

* 동사 take에는 '데려다 주다', '(시간이) 걸리다', '(약을) 복용하다', '(행동을) 취하다' 등 여러 가지 뜻이 있어요.
I will take you there.처럼 take 다음에 사람이 목적어로 나오면 '(누구를) 데려다 주다'라는 의미가 됩니다.

 help 돕다 do 하다 tomorrow 내일 take ~ there ~를 거기에 데려다 주다
go hiking 하이킹하다 let ~을 시키다, 허락하다 know 알다

PART 2

PART 2에서는 **상대방에게 이야기할 때 사용하는 패턴**을 배울 거예요.
한 단계 더 업그레이드된 내용이지만 절대 어려운 내용은 아닙니다.
꼭 기억할 점은 같은 주제라도 질문하는 방식이 화자에 따라 다를 수 있다는 거예요.
평소에 한 가지 질문을 여러 방법으로 표현하는 방법을 생각하다 보면
말하기와 듣기에 대한 이해의 폭이 더 넓어지게 될 것입니다.

pattern 200+

Day 16 You're...

 다음 말을 영어로 할 수 있나요?

- 천만에요.

  ⬜ welcome.

- 너 안 친절해.

  ⬜ ⬜ kind.

- 넌 너무 아름다워.

  ⬜ ⬜ beautiful.

- 넌 좀 과묵해.

  ⬜ ⬜ ⬜ quiet.

- 넌 거짓말하고 있어.

  ⬜ lying.

정답: You're | You're not | You're so | You're a little | You're

You're...

당신은 ~해요

You're 뒤에 형용사를 쓰면 상대방의 상태나 기분 등에 대해 말할 수 있습니다. '당신은 ~해요'라는 뜻이죠. You're는 You are를 줄인 것입니다.

step 1 패턴 집중 훈련

천만에요.	**You're welcome.**
너 늦었어.	**You're late.**
너 일찍 왔네.	**You're early.**
네 말이 맞아.	**You're right.**
넌 들떠 있어.	**You're excited.**

step 2 리얼 회화 연습

A Thank you so much.
B 천만에요.

A 정말 고마워요.
B You're welcome.

TiP

＊상대방이 감사하다는 말을 하면 '천만에요.'라고 답을 하죠? 이 말은 영어로 You're welcome.입니다. 다음과 같이 말할 수도 있죠.

Don't mention it.
Not at all.
You're quite welcome.
It's my pleasure. (별말씀을요.)
It's nothing. (별거 아니에요.)

---

welcome 환영받는, (자유롭게) ~해도 좋은 **late** 늦은 **early** 이른, 빠른 **right** 옳은
excited 흥분된 **so much** 대단히

You're not...

당신은 ~하지 않아요

상대방에 대해 뭔가를 단정 지으며 '당신은 ~하지 않아요'라고 말할 때 「You're not+형용사」 패턴을 쓸 수 있습니다. be동사 are 다음에 나오는 형용사는 주어의 상태나 기분을 자세히 설명해 주는 역할을 합니다.

넌 정직하지 않아.	**You're not honest.**
너 안 친절해.	**You're not kind.**
넌 어리석지 않아.	**You're not stupid.**
넌 안 웃겨.	**You're not funny.**
넌 걱정하지 않잖아.	**You're not worried.**

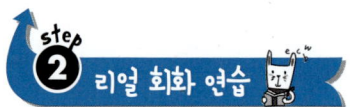

A Do you like me?
B No, I don't. 넌 정직하지 않아.

A 나 좋아해?
B 아니. **You're not honest.**

> **TiP**
> *like가 동사일 때는 '좋아하다', '마음에 들다'라는 뜻이지만, 전치사로는 '~와 같이(처럼)', '~와 마찬가지로'의 의미예요.
> Do it like this. (이렇게 해.)
>   └ 전치사 역할

 honest 정직한   kind 친절한   stupid 어리석은   funny 재미있는   worried 걱정되는   like 좋아하다

pattern 078
You're so...

당신은 매우 ~해요

상대방의 모습이나 상태를 좀 더 강조해서 묘사할 때 「You're so+형용사」 패턴을 씁니다. '당신은 매우 ~해요'라는 뜻이죠. 여기서 부사 so는 우리말 '무척', '매우'라는 뜻입니다.

넌 매우 친절해.   **You're so kind.**

넌 너무 아름다워.   **You're so beautiful.**

당신은 정말 귀여워요.   **You're so cute.**

넌 매우 특별해.   **You're so special.**

넌 정말 좋은 애야.   **You're so good.**

A Jane, 넌 너무 아름다워.
B That's nice of you.

A 제인, **you're so beautiful.**
B 고마워.

+ Tip

* 상대방으로부터 칭찬을 들어 '고마워요.'라고 말할 때 보통 Thank you. 또는 Thanks.라고 하는데, That's nice of you.라고도 말할 수 있습니다. That's nice of you to say so.의 줄임말이죠.

 kind 친절한   **beautiful** 아름다운   **cute** 귀여운, 사랑스러운   **special** 특별한   **good** 좋은
nice 멋진, 좋은

You're a little...

당신은 좀 ~해요

상대방의 외모나 성격 등을 보고 '당신은 좀 ~해요'라고 자신의 생각을 다소 누그러뜨려 말할 때 「You're a little+형용사」 패턴을 사용합니다. 여기서 a little은 '조금', '약간'의 뜻으로, 뒤에 나오는 형용사를 수식해 주죠. a little을 kind of로 바꿔 표현할 수 있어요.

넌 좀 무례해.	You're a little **rude**.
넌 좀 뚱뚱해.	You're a little **fat**.
넌 좀 늦었어.	You're a little **late**.
넌 좀 과묵해.	You're a little **quiet**.
넌 좀 놀랐어.	You're a little **surprised**.

A 넌 좀 늦었어.
B I'm so sorry.

A You're a little late.
B 정말 미안해.

 TiP

* 자신의 행동이나 실수에 사과할 때 사용하는 표현들을 살펴볼게요.
I'm sorry. (미안해.)
I'm so sorry. (정말 미안해.)
I'm really sorry. (정말 미안해.)
I'm very sorry. (너무 미안해.)
Please accept my apology.
(제 사과를 받아 주세요.)

 kind of 좀 rude 무례한 fat 뚱뚱한 late 늦은 quiet 조용한 surprised 놀란 so 매우, 무척
sorry 미안한, 유감스러운

You're -ing

당신은 ~하는 거예요

상대방의 행동에 대해 단정 지어 말할 때 사용할 수 있는 패턴입니다. '당신은 ~하는 거예요', '당신은 ~하고 있어요'라는 뜻이죠.

넌 거짓말하고 있어.	**You're lying.**
농담이겠지.	**You're joking.**
너 잘하고 있는 거야.	**You're doing great.**
너 열심히 일하고 있어.	**You're working hard.**
너 너무 많이 술 마시고 있어.	**You're drinking too much.**

A I'm going to stop smoking.
B 넌 내게 거짓말하고 있어.

A 난 담배 끊을 거야.
B **You're lying to me.**

TiP
* '담배를 끊다', '금연하다'는 stop smoking이에요. 동사 stop 다음에 동명사(-ing)가 나오면 지속적으로 해 왔던 것을 그만두는 것을 뜻해요. give up smoking이라고도 해도 같은 뜻입니다.

  lie 거짓말하다 joke 농담하다 do great 잘하다 work hard 열심히 일하다 drink (술을) 마시다
too much 너무 많이 stop smoking 담배를 끊다(=give up smoking)

Day 17 Are you…?

 다음 말을 영어로 할 수 있나요?

- 작가세요?

　　　　　　　　　　writer?

- 준비됐어?

　　　　　　ready?

- 배고프지 않아?

　　　　　　hungry?

- 정말 행복해요?

　　　　　　　　　happy?

- 프랑스어 잘해요?

　　　　　　　　　　　　French?

정답_Are you a | Are you | Aren't you | Are you really | Are you good at

Are you a...?

당신은 ~이에요?

상대방의 신분이나 직업 등을 물어볼 때 사용하는 패턴이 「Are you a+명사?」입니다. 명사 자리에 나오는 말이 주어인 you가 어떤 사람인지를 설명해 주는 역할을 합니다.

당신은 의사예요?	**Are you a doctor?**
작가세요?	**Are you a writer?**
당신은 엔지니어예요?	**Are you an engineer?**
당신은 일본 사람이에요?	**Are you Japanese?**
네가 마이크야?	**Are you Mike?**

A Excuse me, 당신은 일본 사람이에요?
B No, I'm not. I'm Korean.

A 실례지만, are you Japanese?
B 아니요. 전 한국 사람이에요.

 TIP

*해외여행을 가면 종종 외국인 관광객들과 얘기를 나눌 기회가 생기는데, 어느 나라에서 왔는지 물어볼 때 Where are you from?이라고 하죠. 이 질문에 대한 대답은 I'm from…으로 할 수 있어요.

I'm Korean.
I'm from Korea.

---

doctor 의사 **writer** 작가 **engineer** 기술자, 엔지니어 **Japanese** 일본인 **Korean** 한국인

Day 17_121

pattern 082

Are you...?

당신은 ~해요?

상대방이 현재 어떤 상태인지를 확인하고 싶을 때 「Are you+형용사?」 패턴으로 말하면 됩니다. 뜻은 '당신은 ~해요?'예요. 여기서 형용사 자리에 나오는 말이 주어의 기분이나 상태를 설명해 주는 역할을 합니다.

준비됐어?	**Are you ready?**
너 졸리니?	**Are you sleepy?**
괜찮아?	**Are you all right?**
미쳤어?	**Are you crazy?**
결혼했어?	**Are you married?**

A 너 졸리니?
B **Yeah, a little bit.**

A **Are you sleepy?**
B 응, 좀 그래.

>
> * 우리말에도 상대방의 질문에 긍정하는 대답이 '응', '맞아', '그래', '네'처럼 다양한데, 영어도 마찬가지예요. 질문에 긍정의 대답을 할 때 yes(네) 외에도 yeah(응)나 yep(그래)이라고 할 수 있어요. 이 말들은 친한 사이에서 쓸 수 있는 캐주얼한 표현이죠.

 ready 준비된 **sleepy** 졸린 **all right** 괜찮은 **crazy** 미친, 열중한 **married** 결혼한 **yeah** 응 **a little bit** 아주 조금

Aren't you...?

당신은 ~하지 않아요?

상대방에 대해 이미 알고 있을 사실을 재차 확인할 때 「Aren't you+형용사?」라고 물어봅니다. '당신 ~하지 않아요?'의 뜻이죠.

step 1 패턴 집중 훈련

배고프지 않아?	**Aren't you hungry?**
화 안 나?	**Aren't you angry?**
피곤하지 않아?	**Aren't you tired?**
관심 있는 거 아니야?	**Aren't you interested?**
안 지루해?	**Aren't you bored?**

step 2 리얼 회화 연습

A 배고프지 않아?
B No, I'm not.

A **Aren't you hungry?**
B 아니, 배고프지 않아.

TIP

* Are you hungry? 같은 긍정의문문에 대한 답변은 Yes, I am. 또는 No, I'm not.처럼 하는데, 부정의문문 Aren't you hungry?의 경우에는 어떻게 대답해야 할지 좀 헷갈리죠? 이때는 긍정의문문과 마찬가지로 질문에 not이 없다고 생각하고, 긍정일 때는 Yes, I am.으로, 부정일 때는 No, I'm not.이라고 대답하면 된답니다.

 hungry 배고픈   angry 화난   tired 피곤한   interested 관심 있는, 흥미 있는   bored 지루한, 싫증난

Are you really...?

정말 ~해요?

'정말 ~해요?'라고 상대방의 기분이나 상태를 물어볼 때 「Are you really+형용사?」라고 합니다. 여기서 부사 really는 '정말'의 뜻으로, 뒤에 나오는 형용사를 수식해 주죠.

정말 행복해요?	**Are you really happy?**
정말 바쁜 거니?	**Are you really busy?**
너 정말 인기가 많아?	**Are you really popular?**
너 정말 놀란 거야?	**Are you really surprised?**
정말 무서워?	**Are you really scared?**

A 지금 정말 행복해요?
B **Of course, I am.**

A **Are you really happy now?**
B 물론이죠.

* 대답으로 나온 Of course, I am. (물론이죠.)은 Of course, I am really happy now.(물론, 지금 정말 행복해요.)에서 really happy now가 생략된 말이에요.

 happy 행복한 **busy** 바쁜, 분주한 **popular** 인기 있는 **surprised** 놀란 **scared** 겁먹은, 무서운 **now** 지금 **of course** 물론이지

pattern 085
Are you good at...?

당신은 ~을 잘해요?

'~을 잘해요'는 I'm good at...이라고 한다고 배웠죠? (pattern 009) 이 말을 의문문으로 만든 것이 이 패턴입니다. '당신은 ~을 잘해요?' 하고 물어보는 것이죠. Are you good at 뒤에는 명사(구)나 동명사가 옵니다.

step 1 패턴 집중 훈련

프랑스어 잘해요?	**Are you good at French?**
넌 운동 잘해?	**Are you good at sports?**
달리기는 잘해?	**Are you good at running?**
그림 잘 그리니?	**Are you good at drawing?**
야구는 잘해요?	**Are you good at playing baseball?**

step 2 리얼 회화 연습

A 프랑스어 잘해?
B No, I'm not good at French.

A Are you good at French?
B 아니, 난 프랑스어 잘 못해.

TIP
* I'm not good at...은 '~을 잘 못하다'라는 뜻이에요. be not good at... 대신에 be poor at...으로 바꿔 써도 같은 뜻을 나타내요.

French 프랑스어 **sports** 스포츠, 운동 **run** 달리다 **draw** 스케치하다, 그림을 그리다 **play baseball** 야구를 하다

Day 18
Are you -ing?

 다음 말을 영어로 할 수 있나요?

- 듣고 있어?
  ▢ ▢ listening?

- 시카고에 가는 중이야?
  ▢ ▢ ▢ ▢ Chicago?

- 내가 거짓말했다는 말이야?
  ▢ ▢ ▢ ▢ I lied?

- 날 도와주려고 하는 거야?
  ▢ ▢ ▢ ▢ help me?

- 여행할 계획이니?
  ▢ ▢ ▢ ▢ travel?

정답: Are you | Are you going to | Are you saying that | Are you trying to | Are you planning to

Are you -ing?

~하고 있는 거예요?, ~할 거예요?

「be동사+-ing」에는 두 가지의 뜻이 있습니다. 하나는 현재진행을 나타내는 '~하고 있는 중이다'이고, 또 다른 하나는 가까운 미래를 나타내는 '~할 것이다'입니다. 그래서 상대방에게 Are you -ing? 라고 물어보면 '~하고 있는 거예요?'와 '~할 거예요?' 두 가지 뜻을 나타내는데, 어느 뜻인지는 대화의 흐름에 따라 판단해야 합니다.

농담해?	**Are you kidding?**
지금 울고 있는 거야?	**Are you crying now?**
듣고 있어?	**Are you listening?**
거기에 갈 거야?	**Are you going there?**
서울로 이사 갈 거니?	**Are you moving to Seoul?**

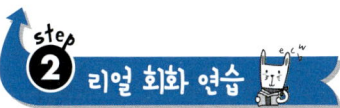

A 내 말 듣고 있어?
B Oh, I'm sorry.

A **Are you listening to me?**
B 오, 미안해.

> **TIP**
> * listen to는 '귀 기울여 듣다'라는 뜻이에요. listen to me라고 하면 '나를 듣다', 즉 '내 말을 듣다'가 되겠죠. 상대방이 자신의 말에 귀를 기울이지 않는다는 느낌이 들 때 Are you listening to me?(내 말 듣고 있어?)라고 물어볼 수 있어요.

 kid 놀리다, 농담하다 cry 울다 now 지금 listen 듣다, 경청하다 go there 그곳에 가다 move to ~로 이사 가다 Seoul 서울 listen to me 내 말을 경청하다 sorry 미안한, 유감스러운

pattern 087 Are you going to...?

~할 거예요?, ~에 가는 중이에요?

Are you going to 다음에 나오는 말에 따라 뜻이 달라집니다. 뒤에 동사가 오면 '~할 거예요?'라는 뜻으로 계획된 미래를 나타내고, 장소를 나타내는 명사가 오면 '~에 가는 중이에요?', '~에 갈 거예요?'라는 뜻이 되죠.

step 1 패턴 집중 훈련

늦게까지 일할 거야?	**Are you going to work late?**
이거 마실 거야?	**Are you going to drink this?**
그에게 전화할 거야?	**Are you going to call him?**
시카고에 가는 중이야?	**Are you going to Chicago?**
그의 파티에 갈 거야?	**Are you going to his party?**

step 2 리얼 회화 연습

A 이거 마실 거야?
B Of course. I'm so thirsty.

A **Are you going to drink this?**
B 당연하지. 너무 갈증 나.

TiP
* 형용사 thirsty는 '목마른', '갈증 나는', '갈망하는'의 뜻이에요. '나 목말라.'라고 말할 때는 I'm thirsty.라고 하고, 상대방에게 '목말라?', '갈증 나니?' 하고 물어볼 때는 Are you thirsty?라고 말할 수 있죠.

ABC work late 늦게까지 일하다 drink 마시다 call 전화하다 Chicago 시카고 party 파티
of course 물론이지 so 매우, 너무 thirsty 갈증이 난

Are you saying that…?

~이라는 말인가요?

대화를 나누다가 상대방이 하는 말의 요점을 물어볼 때 「Are you saying that+주어+동사?」 패턴을 사용합니다. '~이라는 말인가요?'라는 뜻이죠. 상대방이 잘 이해가 안 가는 얘기를 할 때 이 패턴을 활용하여 말하면 좋습니다. Are you saying 뒤의 that은 회화에서는 종종 생략합니다.

결혼했다는 얘기야?	**Are you saying that you got married?**
날 좋아하지 않는다는 말이야?	**Are you saying that you don't like me?**
내가 틀렸다는 얘기야?	**Are you saying that I was wrong?**
내가 어리석다는 얘긴가요?	**Are you saying that I'm stupid?**
내가 거짓말했다는 말이야?	**Are you saying that I lied?**

A 내가 틀렸다는 얘기야?
B Yeah, that's right.

A **Are you saying that I was wrong?**
B 응, 맞아.

*상대방의 말에 동의할 때 That's right.(맞아.), You're right.(네 말이 옳아.)처럼 말해요. 하지만 반대되는 상황에서는 I don't think so.(난 그렇게 생각 안 해.), That's not true.(그건 사실이 아니야.)라고 표현하죠.

get married 결혼하다 like 좋아하다 wrong 틀린, 잘못된 stupid 어리석은 lie 거짓말하다
yeah 응, 그래 right 옳은

Are you trying to…?

~하려고 노력 중이에요?

무언가를 하려고 애쓰고 있는 상대방의 의중을 다시금 확인할 목적으로 물어볼 때 「Are you trying to+동사?」 패턴을 씁니다. 동사 try는 '노력하다', '애쓰다'라는 의미죠.

날 도와주려고 하는 거야?	**Are you trying to help me?**
이거 하려고 애쓰고 있는 거야?	**Are you trying to do this?**
조깅하려고 그래?	**Are you trying to go jogging?**
떠나려고 그래요?	**Are you trying to leave?**
운동하려고 그래?	**Are you trying to exercise?**

A 지금 날 도와주려고 하는 거야?
B Yes, I am. I'm trying to help you.

A **Are you trying to help me now?**
B 응. 널 도와주려고 애쓰고 있는 거야.

* help는 '돕다', '거들다'라는 뜻이에요. 네이티브들은 help와 같은 뜻으로 명사 hand를 사용해서 give ~ a hand라고도 말하죠. 직역하면 '~에게 손을 주다'지만, 즉 '~을 돕다'라는 뜻이에요.

 help 돕다   do 하다   this 이것   go jogging 조깅하다   leave 떠나다   exercise 운동하다
now 지금

Are you planning to...?

~할 계획이에요?, ~할 거예요?

상대방의 계획 또는 의도를 묻는 패턴입니다. 「Are you planning to+동사?」는 '~할 계획이에요?', '~할 거예요?'의 뜻이죠. plan to는 '~할 계획이다', '~할 생각이다'라는 뜻으로, 의도나 앞으로의 계획들을 밝힐 때 사용하는 숙어입니다.

외식할 계획인가요?	**Are you planning to eat out?**
그곳에서 살 계획이야?	**Are you planning to live there?**
이사 갈 거야?	**Are you planning to move?**
여행할 계획이니?	**Are you planning to travel?**
여기서 머무를 건가요?	**Are you planning to stay here?**

A 이사 갈 거야?
B I'm not sure.

A **Are you planning to move?**
B 잘 모르겠어.

* 동사 move는 '움직이다'라는 뜻 외에 '이사하다'라는 뜻도 가지고 있어요. '이사 나가다'라고 할 때는 move out이라고 하고, move to 뒤에 장소를 나타내는 명사를 붙이면 '~로 이사를 가다'라는 뜻이 되죠.

 eat out 외식하다　**live there** 그곳에 살다　**move** 이사하다, 움직이다　**travel** 여행하다
stay 머무르다　**here** 이곳에, 여기에　**sure** 확실한

Day 19 Do you...? (1)

 다음 말을 영어로 할 수 있나요?

- 여기 사니?

　　　　　　live here?

- 그 애를 안 좋아해?

　　　　　　like him?

- 나한테 전화했어?

　　　　　　call me?

- 춤추는 걸 좋아해요?

　　　　　　　dancing?

- 걷고 싶은 거니?

　　　　　　　　walking?

정답_Do you | Don't you | Did you | Do you like | Do you feel like

Do you...?

~해요?

평서문을 의문문으로 만들려면 조동사 do의 도움이 필요합니다. 주어가 1, 2인칭이면 Do를, 주어가 3인칭이면 Does를 문장 앞으로 내보내고, 그 다음에 「주어+동사원형」 등을 쓰죠. 「Do you+동사?」라고 하면 '~해요?'라는 뜻으로, 상대방에게 묻고 싶은 말을 동사에 넣어서 표현하면 됩니다.

step 1 패턴 집중 훈련

시간 좀 있어?	**Do you have time?**
영어 할 줄 알아요?	**Do you speak English?**
여기 사니?	**Do you live here?**
맥주 좋아해?	**Do you like beer?**
나 알아보겠어?	**Do you recognize me?**

step 2 리얼 회화 연습

A 맥주 좋아해?
B Yes, I like it a lot.

A **Do you like beer?**
B 응, 많이 좋아해.

Tip
* lot은 부사로 '대단히', '크게'라는 뜻이에요. 보통 부정관사 a와 함께 사용되어 동사, 형용사 또는 부사를 수식하죠. 예를 들어 Thanks a lot.은 '대단히 감사합니다.'이며, a lot more는 '아주 많은', '훨씬 많은'이라는 의미예요.

 have time 시간이 있다   speak English 영어를 구사하다   live 살다   here 이곳, 여기   like 좋아하다   beer 맥주   recognize 알아보다, 인정하다   a lot 많이

Don't you...?

~하지 않아요?

자신이 짐작하거나 이미 알고 있다고 생각하는 사실을 다시금 확인하려고 물어볼 때 「Don't you+동사?」 패턴을 사용합니다. '~하지 않아요?'라는 뜻이죠. 일반동사를 부정문으로 만들 때 Don't(주어가 1,2인칭일 때)나 Doesn't(주어가 3인칭일 때)를 문장 맨 앞으로 내보내는데, 「Do you+동사?」라고 하든 「Don't you+동사?」라고 하든 대답할 때는 긍정이면 yes, 부정이면 no라고 합니다.

일찍 일어나지 않나요?	**Don't you get up early?**
손 씻지 않니?	**Don't you wash your hands?**
너 내 도움 필요한 거 아니야?	**Don't you need my help?**
그 애를 안 좋아해?	**Don't you like him?**
가야 하는 거 아니야?	**Don't you have to go?**

A 그 애를 안 좋아해?
B He's not my type.

A **Don't you like him?**
B 그 앤 내 타입이 아니야.

> ★ TiP
> * 자신의 이상형에 대해 말할 때 type 또는 style을 써서 말해요. He's not my type.은 He's not my style.이라고도 말할 수 있죠.

get up 일어나다　**early** 일찍　**wash one's hands** 손을 씻다
need one's help ~의 도움이 필요하다　**like** 좋아하다　**have to go** 가야만 하다　**type** ~사람, 타입

Did you...?

~했어요?

상대방이 과거에 한 일에 대해 궁금할 때, 어떤 일을 했는지 확인할 때 이 패턴을 쓸 수 있습니다. did는 do 또는 does의 과거형으로, Did you 뒤의 동사 자리에는 반드시 동사원형이 나와야 해요.

step 1 패턴 집중 훈련

나한테 전화했어?	**Did you call me?**
내 말 이해했니?	**Did you understand me?**
세차했어?	**Did you wash your car?**
절 기다렸나요?	**Did you wait for me?**
책 반납했어?	**Did you return the book?**

step 2 리얼 회화 연습

A 오늘 아침 나한테 전화했어?
B Yes, I did.

A **Did you call me this morning?**
B 응, 전화했어.

> TIP
> * Yes, I did.에서 did는 called you this morning을 나타내요. 즉, Yes, I called you this morning.을 간단하게 Yes, I did.라고 표현한 것이죠. 반복되는 말을 생략하거나 피하기 위함이죠.

 call 전화하다 understand 이해하다 wash one's car 세차하다 wait for ~을 기다리다
return 반납하다, 돌려주다 book 책 this morning 오늘 아침

Do you like to.../-ing?

~하는 거 좋아해요?

상대방의 기호를 물어볼 때 Do you like+to.../-ing? 패턴을 사용할 수 있습니다. 뒤에는 to부정사나 동명사(-ing)가 옵니다.

수영하는 거 좋아해?	**Do you like to swim?**
요리하는 거 좋아해?	**Do you like to cook?**
커피 마시는 거 좋아해요?	**Do you like to drink coffee?**
춤추는 걸 좋아해요?	**Do you like dancing?**
운전하는 걸 좋아해?	**Do you like driving?**

A 춤추는 걸 좋아해요?
B I don't like it.

A **Do you like dancing?**
B 안 좋아해요.

* dance[dancing]과 관련된 표현들을 살펴볼게요.
I like to dance[dancing]. (춤추는 거 좋아해.)
I'm good at dancing. (춤이라면 자신 있어.)
I'm poor at dancing. (난 춤을 잘 못 춰.)
Shall we dance? (춤출까요?)

 swim 수영하다   cook 요리하다   drink 마시다   coffee 커피   dance 춤추다   drive 운전하다

pattern 095
Do you feel like -ing?

~할래요?, ~하고 싶어요?

뭔가를 하고 싶은 마음이 생길 때 feel like를 써서 표현합니다. Do you feel like -ing?는 '~할래요?', '~하고 싶어요?'라는 뜻으로, like 뒤에는 꼭 동명사(-ing)가 옵니다. 상대방이 무엇을 하고 싶은지 알고 싶을 때 사용하는 패턴이죠.

step 1 패턴 집중 훈련

걷고 싶은 거니?	**Do you feel like walking?**
술 한잔할래요?	**Do you feel like drinking?**
먹고 싶어요?	**Do you feel like eating?**
온라인 쇼핑 할래요?	**Do you feel like shopping online?**
나랑 같이 갈래?	**Do you feel like going with me?**

step 2 리얼 회화 연습

A 술 한잔할래?
B I don't feel like drinking today.

A **Do you feel like drinking?**
B 오늘은 마시고 싶지 않아.

TIP
* I don't feel like -ing는 '~하고 싶지 않아요'라는 뜻이에요. '오늘은 술 마시고 싶지 않아요.'는 I don't feel like drinking today.인데, I don't want to drink today.라고 말하기도 한답니다.

ABC walk 걷다　drink (술을) 마시다　eat 먹다　shop online 온라인 쇼핑하다　go with ~와 함께 가다　today 오늘

Day 20
Do you...? (2)

 다음 말을 영어로 할 수 있나요?

- 이걸 원해?

　　　　　　　　　　　　this?

- 떠날래요?

　　　　　　　　　　　　　　leave?

- 운전 좀 해 줄래?

　　　　　　　　　　　driving?

- 친구가 필요해?

　　　　　　　　　　　a friend?

- 너 내 이름 알아?

　　　　　　　　　　　my name?

정답 Do you want | Do you want to | Do you mind | Do you need | Do you know

Do you want...?

~을 원해요?

「Do you want+명사(구)?」는 '~을 원해요?'의 뜻으로, 상대방이 무엇을 원하는지 확인할 때 사용합니다. 동사 want 다음에는 목적어로 명사(구)나 대명사가 나오죠.

step 1 패턴 집중 훈련

돈 좀 줄까?	**Do you want some money?**
커피 좀 드실래요?	**Do you want some coffee?**
도와줄까?	**Do you want my help?**
그의 충고를 원해요?	**Do you want his advice?**
이걸 원해?	**Do you want this?**

step 2 리얼 회화 연습

A 커피 좀 드실래요?
B Yes, please.

A **Do you want some coffee?**
B 네, 주세요.

TIP
* 상대방이 커피나 음료수처럼 마실 것을 권할 때 Yes, please.라고 하면 '네, 주세요.'의 뜻입니다. 거절할 때는 No, thanks.라고 하면 돼요.

money 돈   coffee 커피   help 도움, 원조   advice 충고   this 이것

Do you want to…?

~하고 싶어요?, ~할래요?

상대방에게 뭔가를 권할 때 「Do you want to+동사?」 패턴을 사용합니다. 직역하면 '~하길 원해요?', 즉 '~하고 싶어요?', '~할래요?'의 의미입니다.

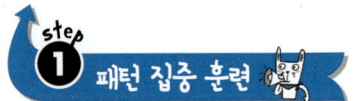

운동하고 싶어?	**Do you want to exercise?**
떠날래요?	**Do you want to leave?**
알고 싶어?	**Do you want to know?**
날 좀 도와줄래?	**Do you want to help me?**
여기 앉을래요?	**Do you want to sit here?**

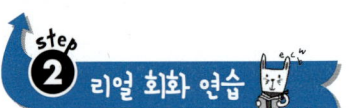

A 운동하고 싶어?
B No, I don't.

A **Do you want to exercise?**
B 아니.

 exercise 운동하다 leave 떠나다 know 알다 help 돕다 sit 앉다 here 여기에

Do you mind -ing?

~해도 괜찮겠어요?

뭔가를 부탁하거나 제안하면서 상대방이 개의치 않는지를 확인할 때 사용하는 패턴이에요. 동사 mind에는 '꺼리다', '주저하다'라는 의미가 있습니다. Do you mind -ing?를 직역하면 '~하는 거 꺼리세요?'이지만 '~해도 괜찮겠어요?'로 해석하면 됩니다.

운전 좀 해 줄래?	**Do you mind driving?**
그에게 전화해도 괜찮겠어요?	**Do you mind calling him?**
날 기다려도 괜찮겠어?	**Do you mind waiting for me?**
이거 해도 괜찮겠어?	**Do you mind doing this?**
기차를 타도 괜찮겠어요?	**Do you mind taking the train?**

A 날 기다려도 괜찮겠어?
B I don't mind.

A **Do you mind waiting for me?**
B 상관없어.

* 상대방의 부탁에 전혀 개의치 않을 때 I don't mind.라고 해요. '상관없어.' 라는 뜻이죠. 비슷한 표현인 I don't care.도 자주 써요.

 drive 운전하다   call 전화하다   wait for ~을 기다리다   do 하다   take the train 기차를 타다

Do you need...?

~이 필요해요?

상대방에게 무엇이 필요한지 물어볼 때 쓰는 패턴입니다. 동사 need 다음에 사람 또는 사물을 나타내는 명사(구)가 나와죠.

친구가 필요해?	**Do you need a friend?**
잠시 휴식이 필요한 거야?	**Do you need a break?**
여권이 필요한 거야?	**Do you need a passport?**
그의 도움이 필요해?	**Do you need his help?**
시간이 더 필요해요?	**Do you need more time?**

A 여권이 필요한 거야?
B Yes, I need one.

A **Do you need a passport?**
B 응, 필요해.

* 해외여행을 갈 때 꼭 필요한 것이 passport(여권)죠? port는 '항구', '공항(airport)'이라는 뜻이에요. pass(통과하다)+port(공항)이니까 공항을 통과할 때 필요한 '여권'의 의미를 유추할 수 있겠죠. 탑승 수속 밟을 때 May I see your passport?(여권 좀 보여주시겠어요?)라는 말을 꼭 듣게 되니 같이 알아두세요.

 friend 친구　**break** 잠깐의 휴식　**passport** 여권　**help** 도움, 돕다　**more time** 더 많은 시간　**need** 필요하다

Do you know...?

~ 알아요?

상대방에게 뭔가에 대해 알고 있는지를 물어볼 때 Do you know...? 패턴을 사용합니다. 타동사 know는 '알다'라는 뜻으로 목적어로 명사(구)를 취하는데, 목적어가 사람이 될 수도 있고 사물이 될 수도 있습니다. know 뒤에 전치사 about을 써서 know about이라고 하면 '~에 대해서 알다'라는 뜻입니다.

마이크 알아?	**Do you know Mike?**
그의 주소를 아니?	**Do you know his address?**
너 내 이름 알아?	**Do you know my name?**
그녀 전화번호 알아요?	**Do you know her number?**
이것에 대해 알아?	**Do you know about this?**

A 마이크 알아?
B Yeah, he's my friend.

A **Do you know Mike?**
B 응, 그 앤 내 친구야.

* 동사 know 다음에 목적어로 사람이 나오면 '개인적으로 잘 알고 있다'라는 뜻이에요.
'그 앤 내 가장 친한 친구야.'는 He's my best friend.라고 하고, '난 친구들이 없어.'는 I have no friends. 라고 해요.

 address 주소 **name** 이름 **number** 전화번호, 숫자 **about** ~에 대해서 **friend** 친구

Day 21
Do you have…?

 다음 말을 영어로 할 수 있나요?

- 차 있어?

  ⬜ ⬜ ⬜ a car?

- 열쇠가 있었어?

  ⬜ ⬜ ⬜ a key?

- 너 데이트 있는 거 아니야?

  ⬜ ⬜ ⬜ a date?

- 뭐 문제라도 있어?

  ⬜ ⬜ ⬜ ⬜ problems?

- 너 그에게 전화해야 해?

  ⬜ ⬜ ⬜ ⬜ call him?

정답_Do you have | Did you have | Don't you have | Do you have any | Do you have to

Do you have...?

~ 있어요?

상대방에게 무엇이 있는지 물어볼 때 사용하는 패턴이 「Do you have+명사(구)?」입니다. '~ 있어요?'의 뜻으로, do는 조동사이고 have는 본동사이죠. 묻고 싶은 내용을 본동사 have 다음에 나오는 명사(구) 자리에 넣으면 됩니다.

몇 시죠?	**Do you have the time?**
시간 좀 있어?	**Do you have time?**
꿈이 있어요?	**Do you have a dream?**
펜 있니?	**Do you have a pen?**
차 있어?	**Do you have a car?**

A 몇 시죠?
B It's ten o'clock now.

A **Do you have the time?**
B 지금 정각 10시예요.

* Do you have time?은 '시간 좀 있어요?'라는 뜻이지만, Do you have the time?은 '몇 시죠?'라는 뜻이에요. What time is it now?(지금 몇 시죠?)와 비슷한 표현이죠. the가 time 앞에 나오면 '특정 시간'을 지칭하는 것이므로 '현재 시간'을 말하는 거랍니다.

 time 시간   dream 꿈   pen 펜   car 차   ~ o'clock ~시   now 지금

Day 21_145

pattern 102

Did you have…?

~ 있었나요?

상대방에게 과거에 어떤 일이 있었는지, 아니면 뭔가를 갖고 있었는지를 묻고 싶을 때 「Did you have+명사(구)?」 패턴을 사용합니다. 뜻은 '~ 있었나요?'이죠. 동사 have의 대표적인 뜻은 '가지다'이지만 상황에 따라서 '먹다(eat)', '마시다(drink)', '보내다(spend)', '경험하다(experience)'처럼 다양한 의미로 사용된다는 것도 기억해 두세요.

step 1 패턴 집중 훈련

열쇠가 있었어?	**Did you have a key?**
모임이 있었던 거야?	**Did you have a meeting?**
좋은 시간 보냈어요?	**Did you have a good time?**
잘 잤어?	**Did you have a good sleep?**
인터뷰 있었던 거니?	**Did you have an interview?**

step 2 리얼 회화 연습

A 잘 잤어?
B Yes, I did.

A **Did you have a good sleep?**
B 응, 잘 잤어.

* have a good sleep은 '잘 자다'라는 뜻이에요. sleep well이라고 해도 비슷한 뜻이 돼요.

 key 열쇠 meeting 모임 have a good time 좋은 시간을 보내다 have a good sleep 잘 자다 interview 인터뷰

Don't you have...?

~ 있는 거 아니에요?

어떤 일이든 관심을 두지 않으면 자연스럽게 잊어버리게 되죠. 혹시나 상대방이 잊고 있는 것이 있을 때 다시금 상기시켜 줄 때 Don't you have...?라고 합니다. '~ 있는 거 아니에요?'라는 뜻이죠. 이 패턴은 상대방에게 무언가를 확인하고자 할 때도 사용합니다.

너 소개팅 있는 거 아니야?	**Don't you have a blind date?**
너 데이트 있는 거 아니야?	**Don't you have a date?**
너 오늘 밤 일 있는 거 아니야?	**Don't you have work tonight?**
모임 있는 거 아니에요?	**Don't you have a meeting?**
너 오늘 수업 있지 않니?	**Don't you have classes today?**

A 모임 있는 거 아니에요?
B It was cancelled this morning.

A **Don't you have a meeting?**
B 오늘 아침 취소됐어요.

TIP
* 동사 have와 관련된 표현들을 잠깐 살펴볼게요. have처럼 쉬운 동사로 표현할 수 있는 말들을 잘 익혀두면 좋아요.
have a blind date(소개팅이 있다),
have a date(데이트가 있다),
have a meeting(모임이 있다),
have an appointment with
(~와 약속이 있다)

blind date 소개팅   date 데이트   work 일, 일하다   tonight 오늘 밤   meeting 모임   class 수업
today 오늘   cancel 취소하다   this morning 오늘 아침

Day 21_147

Do you have any...?

무슨 ~라도 있어요?

현재 상대방이 가지고 있는 것을 물어볼 때 Do you have any...?의 패턴이 적절하게 사용됩니다. 동사 have는 '가지고 있다', 형용사 any는 '어떤'이라는 의미예요. any 뒤에는 명사(구)가 오죠.

뭐 문제라도 있어?	**Do you have any problems?**
질문이라도 있어요?	**Do you have any questions?**
무슨 계획이라도 있는 거야?	**Do you have any plans?**
뭐 좋은 생각이라도 있어?	**Do you have any good ideas?**
우유라도 있니?	**Do you have any milk?**

A 뭐 문제라도 있어?
B No, I don't.

A **Do you have any problems?**
B 아니, 없어.

* any가 형용사로 사용될 때 의문문에서는 '어떤', '무슨'이라는 뜻이지만, 부정문에서는 '아무것도', '조금도'라는 뜻이 돼요.

 problem 문제   question 질문   plan 계획   good idea 좋은 생각, 좋은 아이디어   milk 우유

Do you have to...?

~해야 하나요?

당연히 해야 할 일을 언급할 때 have to...(~해야 해)를 쓰죠. 「Do you have to+동사?」라고 하면 '~해야 하나요?'의 뜻입니다. 뭔가를 꼭 해야만 하는 상황인지 확인할 때 사용하는 패턴입니다.

그걸 취소해야 해?	**Do you have to cancel it?**
그곳에 가야 해?	**Do you have to go there?**
너 지금 떠나야 해?	**Do you have to leave now?**
이걸 해야겠어?	**Do you have to do this?**
너 그에게 전화해야 해?	**Do you have to call him?**

A 너 지금 떠나야 해?
B Yeah, I have a lot to do today.

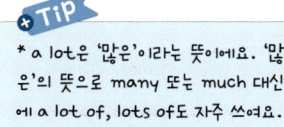

* a lot은 '많은'이라는 뜻이에요. '많은'의 뜻으로 many 또는 much 대신에 a lot of, lots of도 자주 쓰여요.

A **Do you have to leave now?**
B 응, 오늘 할 일이 많아.

 cancel 취소하다 go there 그곳에 가다 leave now 지금 떠나다 do this 이것을 하다
call 전화하다 a lot 많이 do 하다 today 오늘

Day 22 You…

 다음 말을 영어로 할 수 있나요?

- 행복해 보여.

  ☐ ☐ happy.

- 넌 할 수 있어.

  ☐ ☐ do it.

- 조심하는 게 좋을 거야.

  ☐ ☐ be careful.

- 넌 이거 해야 해.

  ☐ ☐ do this.

- 운전하지 마.

  ☐ ☐ drive.

정답_You look | You can | You'd better | You should | You shouldn't

You look...

~해 보여요

You look...은 '~해 보여요'의 뜻입니다. look 뒤에는 어떻게 보이는지를 나타내는 형용사가 나옵니다. 형용사가 아닌 전치사 등이 나오면 의미도 달라지니 주의하세요.

행복해 보여.	**You look happy.**
달리 보이는데.	**You look different.**
슬퍼 보여요.	**You look sad.**
너 근사해 보여.	**You look great.**
걱정스러워 보여.	**You look worried.**

A How do I look today?
B 너 근사해 보여.

A 오늘 나 어때 보여?
B **You look great.**

 look 보이다 happy 행복한 different 다른 sad 슬픈 great 훌륭한, 멋진 worried 걱정되는 today 오늘

You can...

~해도 돼요, ~할 수 있어요

조동사 can은 '할 수 있다'라는 뜻으로 '능력'을 나타내고, 때로는 '가능성'이나 '허락'의 의미까지 포함합니다. 「You can+동사」는 상황에 따라 '~해도 돼요', '~할 수 있어요'의 뜻이 됩니다. 상대방이 뭔가 하도록 허락할 때 유용하게 쓸 수 있는 패턴이죠.

여기 있어도 돼.	**You can** stay here.
내게 전화해도 돼.	**You can** call me.
넌 할 수 있어.	**You can** do it.
지금 가도 돼.	**You can** leave now.
여기 주차해도 돼요.	**You can** park here.

A Tony, 넌 할 수 있어.
B Thanks for saying that.

A 토니, **you can do it.**
B 말이라도 고마워.

---

stay 머무르다　here 이곳에, 여기에　call 전화하다　leave 떠나다　now 지금　park 주차하다
thanks for ~에 감사하다　say 말하다

You'd better...

~하는 게 좋겠어요

상대방에게 어떻게 했으면 좋겠다고 조언이나 충고를 할 때 You'd better... 패턴을 쓸 수 있습니다. 뒤에는 동사원형이 오죠. 상황에 따라서는 다소 강압적인 뉘앙스로 사용되기도 하는데, 일종의 충고조의 말입니다. you'd better는 you had better를 줄인 것입니다.

step 1 패턴 집중 훈련

그를 돕는 게 좋겠어요.	**You'd better help him.**
조심하는 게 좋을 거야.	**You'd better be careful.**
운동하는 게 좋을 거야.	**You'd better exercise.**
조심해서 운전하는 게 좋을 거야.	**You'd better drive carefully.**
너 지금 떠나는 게 좋겠어.	**You'd better leave now.**

step 2 리얼 회화 연습

A 조심해서 운전하는 게 좋을 거야.
B Thanks for your concern.

A **You'd better drive carefully.**
B 걱정해 줘서 고마워.

> ⭐ TiP
> * 명사 concern은 '관심', '걱정', '염려'라는 뜻이에요. 그래서 Thanks for your concern.을 직역하면 '너의 염려에 감사한다.'지만, '걱정해 줘서 고마워.'처럼 의역하는 게 자연스럽죠.

help 돕다 careful 조심스러운, 주의 깊은 exercise 운동하다 drive 운전하다 carefully 조심해서
leave 떠나다 now 지금 concern 관심, 걱정

You should...

~해야 해요

조동사 should는 '~해야 한다'라는 뜻으로 상대방에게 충고할 때 종종 사용합니다. You should... 라고 하면 '~해야 해요'라는 의미로, 뒤에는 동사원형을 써야 합니다.

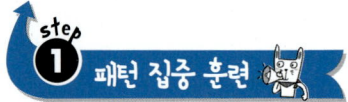

서둘러야 해요.	You should hurry.
날 믿어야 해.	You should trust me.
넌 지금 가야 해.	You should go now.
넌 이거 해야 해.	You should do this.
넌 최선을 다해야 해.	You should do your best.

A 넌 최선을 다해야 해.
B Don't worry.

A You should do your best.
B 걱정 마.

 hurry 서두르다 trust 믿다 go 가다 now 지금 do 하다 this 이것
do one's best 최선을 다하다 worry 걱정하다

pattern 110 You shouldn't...

~하지 마세요, ~하면 안 돼요

'~하지 마세요', '~하면 안 돼요'라고 뭔가를 하지 않았으면 좋겠다는 충고 또는 조언을 할 때 「You shouldn't+동사」 패턴을 사용합니다. You should…(~해야 해요)의 부정문이 You shouldn't… 이죠.

step 1 패턴 집중 훈련

잊지 마.	**You shouldn't forget.**
운전하지 마.	**You shouldn't drive.**
그런 말 하지 마.	**You shouldn't say that.**
여기서 담배 피우면 안 돼.	**You shouldn't smoke here.**
늦으면 안 돼.	**You shouldn't be late.**

step 2 리얼 회화 연습

A I'm going to quit my job.
B 그런 말 하지 마.

A 일 그만둘 생각이야.
B **You shouldn't say that.**

TIP
* quit one's job은 '일을 그만두다', '일을 관두다'라는 뜻이에요. 동사 quit는 '포기하다', '그만두다'라는 뜻으로 뒤에는 주로 동명사(-ing)가 와요. 예를 들어, quit drinking이라고 하면 '술을 끊다', quit smoking은 '금연하다'라는 뜻이죠.

---

forget 까먹다, 잊다   drive 운전하다   say 말하다   smoke 담배를 피우다   here 여기에서, 이곳에
be late 늦다, 지각하다   be going to ~할 것이다   quit one's job 일을 관두다

Day 23 Can you…?

 다음 말을 영어로 할 수 있나요?

- 나 좀 도와줄래요?

　　☐　☐　help me?

- 조용히 할 수 없니?

　　☐　☐　be quiet?

- 저에게 기회 좀 줄 수 있어요?

　　☐　☐　☐　☐　a chance?

- 이유 좀 말해 줄래요?

　　☐　☐　☐　☐　the reason?

- 우리와 함께해 주시겠어요?

　　☐　☐　join us?

정답_Can you | Can't you | Can you give me | Can you tell me | Could you

Can you...?

~해 줄래요?

상대방에게 뭔가를 부탁할 때 쓸 수 있는 패턴으로, '~해 줄래요?'의 뜻입니다. 부탁하고 싶은 것이 있을 때 이 패턴을 써서 말할 수 있겠죠.

step 1 패턴 집중 훈련

창문 좀 닫아 줄래?	**Can you close the window?**
나 좀 도와줄래요?	**Can you help me?**
문 좀 열어 줄래?	**Can you open the door?**
나중에 전화해 줄래?	**Can you call me later?**
천천히 말해 줄래요?	**Can you speak slowly?**

step 2 리얼 회화 연습

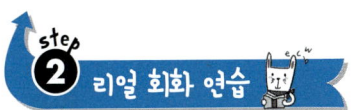

A 천천히 말해 줄래요?
B Sure, no problem.

A **Can you speak slowly?**
B 네, 그러죠.

 TiP
* Can you...?보다 좀 더 공손하게 부탁하려면 Could you...?를 쓰면 됩니다. Can you speak slowly?를 좀 더 공손한 표현으로 바꾸면 Could you speak slowly?라고 하면 되겠죠.

 close 닫다 window 창문 help 돕다 open the door 문을 열다 call 전화하다 later 나중에
speak 말하다 slowly 천천히 sure 그럼요 no problem 물론이죠

Can't you...?

~할 수 없어요?

Can you...?는 '~할 수 있어요?', '~ 좀 해 줄 수 있어요?'라는 뜻이라고 바로 앞에서 배웠죠? Can you...?의 부정문인 Can't you...?는 '~할 수 없어요?'라는 뜻입니다.

step 1 패턴 집중 훈련

일찍 일어날 수 없어?	**Can't you get up early?**
좀 도와줄 수 없어?	**Can't you help me?**
조용히 할 수 없니?	**Can't you be quiet?**
나중에 할 수 없어?	**Can't you do it later?**
날 좀 용서할 수 없니?	**Can't you forgive me?**

step 2 리얼 회화 연습

A 일찍 일어날 수 없어?
B Sorry, but I can't.

A **Can't you get up early?**
B 미안한데, 못 일어나.

* get up은 '일어나다'라는 뜻이에요. 뒤에 early(일찍)를 붙이면 '일찍 일어나다'라는 뜻이 되죠. 반대말은 get up late(늦게 일어나다)예요.

 get up 일어나다　early 일찍　help 돕다　be quiet 조용히 하다　later 나중에　forgive 용서하다

Can you give me...?

~ 좀 줄래요?

「Can you give me+명사(구)?」는 '~ 좀 줄래요?'라는 뜻으로, 상대방에게 뭔가를 부탁할 때 쓸 수 있는 패턴입니다. Can you...?와 '~에게 ...을 주다'라는 뜻의 「give+간접목적어(사람)+직접목적어(사물)」가 합쳐진 것이죠. 따라서 Can you give me 다음에는 직접목적어인 '사물'이 옵니다.

저에게 기회 좀 줄 수 있어요?	**Can you give me a chance?**
나에게 전화 좀 해 줄래?	**Can you give me a call?**
가격 좀 깎아 줄래요?	**Can you give me a discount?**
길 좀 가르쳐 줄래요?	**Can you give me some directions?**
계산서 좀 주시겠어요?	**Can you give me the bill, please?**

A 계산서 좀 주시겠어요?
B Here you are.

A **Can you give me the bill, please?**
B 여기 있어요.

* Here you are.는 상대방이 요구한 뭔가를 건네주면서 '여기 있어요.'라고 말할 때 쓸 수 있습니다. 간단하게 Here.라고만 해도 같은 뜻이 됩니다.

chance 기회 give ~ a call ~에게 전화하다 discount 할인 some 어떤 direction 방향, 길
bill 계산서 please 부디, 제발

Can you tell me...?

~ 좀 말해 줄래요?, ~을 알려 줄래요?

상대방에게 뭔가 궁금한 점이 있을 때 「Can you tell me+명사(구)?」라고 물어볼 수 있습니다. 의미는 '~ 좀 말해 줄래요?', '~을 알려 줄래요?'이죠. 여기서 can을 could 또는 would로 바꾸면 보다 공손한 표현이 됩니다.

이유 좀 말해 줄래요?	**Can you tell me the reason?**
이름 좀 말해 줄래요?	**Can you tell me your name?**
당신의 비밀을 말해 줄래요?	**Can you tell me your secret?**
그녀의 나이를 알려 줄래요?	**Can you tell me her age?**
진실 좀 말해 줄래요?	**Can you tell me the truth?**

A 이름 좀 말해 줄래요?
B Sure, Tony is my name.

A **Can you tell me your name?**
B 물론이죠, 제 이름은 토니예요.

 tell 말하다　reason 이유　name 이름　secret 비밀　age 나이　truth 진실　sure 물론, 확실히

Could you...?

~해 주시겠어요?

Can you...?보다 좀 더 공손하게 부탁하거나 요청할 때 이 패턴을 쓸 수 있어요. 해석은 '~해 주시겠어요?'라고 하면 됩니다. 조동사 could는 can의 과거형이지만 여기서는 과거의 의미가 아니라 조동사 would처럼 공손한 뉘앙스로 사용되었습니다.

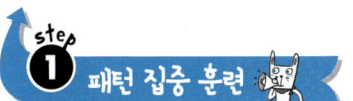

우리와 함께해 주시겠어요?	**Could you join us?**
빨리 와 주시겠어요?	**Could you come quickly?**
제 컴퓨터 좀 고쳐 주시겠어요?	**Could you fix my computer?**
이쪽으로 와 주시겠어요?	**Could you come here, please?**
저것 좀 보여 주시겠어요?	**Could you show me that one?**

A 저것 좀 보여 주시겠어요?
B This one?

A **Could you show me that one?**
B 이거요?

 join 참여하다, 합치다 come 오다 quickly 빨리 fix 고치다 computer 컴퓨터 here 이곳 show 보여주다, 말하다

Day 24 Would you…?

 다음 말을 영어로 할 수 있나요?

- 열어 주시겠어요?
  ▭ ▭ open it?

- 운전해 주시겠어요?
  ▭ ▭ ▭ driving?

- 좀 도와드릴까요?
  ▭ ▭ ▭ some help?

- 앉으시겠어요?
  ▭ ▭ ▭ ▭ sit?

- 제가 확인해 드릴까요?
  ▭ ▭ ▭ ▭ ▭ check?

정답_Would you | Would you mind | Would you like | Would you like to | Would you like me to

Would you...?

~해 주시겠어요?

상대에게 뭔가를 공손하게 부탁할 때 쓸 수 있는 패턴이에요. '~해 주시겠어요?'라는 뜻으로, 일종의 존댓말이죠. would 대신에 could를 써서 Could you...?라고 표현하기도 합니다.

열어 주시겠어요?	**Would you open it?**
서둘러 주시겠어요?	**Would you hurry up?**
조용히 좀 해 주시겠어요?	**Would you be quiet, please?**
여기 사인해 주시겠어요?	**Would you sign here, please?**
창문 닫아 주시겠어요?	**Would you close the window?**

A 조용히 좀 해 주시겠어요?
B Oh, I'm so sorry.

A **Would you be quiet, please?**
B 오, 정말 미안해요.

 open 열다 hurry up 서두르다 be quiet 조용히 하다 sign 사인하다 here 여기 close 닫다 window 창문 so 너무, 매우

Would you mind -ing?

~해도 괜찮겠어요?, ~해 주시겠어요?

상대방에게 뭔가를 정중하게 요청하거나 부탁할 때 사용하는 패턴입니다. 직역하면 '~하는 거 꺼리세요?'지만 '~해도 괜찮겠어요?'라고 해석하면 됩니다. 동사 mind(꺼리다) 다음에는 목적어로 동명사(-ing)가 오는 것에 주의하세요.

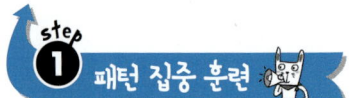

운전해 주시겠어요?	**Would you mind driving?**
여기서 기다려 주시겠어요?	**Would you mind waiting here?**
지금 떠나시겠어요?	**Would you mind leaving now?**
절 좀 도와주시겠어요?	**Would you mind helping me?**
마이크에게 전화해도 괜찮겠어요?	**Would you mind calling Mike?**

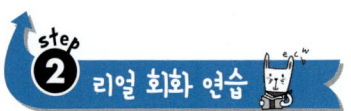

A 절 좀 도와주시겠어요?
B No, I wouldn't mind.

A **Would you mind helping me?**
B 네, 그러죠.

* Would you mind -ing? 질문에 대답할 때, 긍정적으로 답변할 때는 No, I wouldn't.라고 하고, 부정적으로 답변할 때는 Yes, I would.라고 말해야 해요. 동사 mind에는 '주저하다', '꺼리다'라는 부정적인 뜻이 있어 그런 것이죠.

drive 운전하다   wait 기다리다   leave 떠나다   now 지금   help 돕다   call 전화하다
mind 주저하다, 꺼리다

Would you like...?

~하시겠어요?, ~ 좀 드릴까요?

상대방에게 뭔가를 권하거나 제안할 때 쓸 수 있는 패턴입니다. Would you like 뒤에는 명사(구)를 씁니다. 의미는 '~하시겠어요?', '~ 좀 드릴까요?'예요. 상황에 따라서는 자신의 제안을 상대방이 원하는지 확인할 때도 사용할 수 있습니다.

잠깐 쉬시겠어요?	**Would you like a break?**
좀 도와드릴까요?	**Would you like some help?**
디저트 좀 드시겠어요?	**Would you like some dessert?**
커피 한잔 하시겠어요?	**Would you like a cup of coffee?**
먹을 것 좀 드릴까요?	**Would you like something to eat?**

A 먹을 것 좀 드릴까요?
B Yes, please. I'm so hungry.

A **Would you like something to eat?**
B 네, 주세요. 너무 배고파요.

*Would you like something to…? 패턴을 잘 기억해 두세요. 예를 들어 Would you like something to eat?, Would you like something to drink?, Would you like something to read?처럼 다양하게 활용할 수 있어요.

 break 잠깐의 휴식 **help** 도움 **dessert** 디저트 **a cup of coffee** 커피 한잔 **something to eat** 먹을 것 **so** 너무, 매우 **hungry** 배고픈

Day 24_165

pattern 119

Would you like to...?

~하시겠어요?

상대방에게 무언가를 하고 싶은지 정중하게 물어볼 때 Would you like to...?라고 합니다. 의미는 '~하시겠어요?'이고, to 뒤에는 동사원형을 씁니다. 원래 동사 like는 '좋아하다'라는 뜻이지만 would like to...라고 하면 '~하고 싶다'라는 뜻이 됩니다.

step 1 패턴 집중 훈련

앉으시겠어요?	**Would you like to sit?**
저와 함께하시겠어요?	**Would you like to join me?**
이거 드실래요?	**Would you like to eat this?**
뭘 좀 마시겠어요?	**Would you like to drink something?**
메모를 남기시겠어요?	**Would you like to leave a message?**

step 2 리얼 회화 연습

A 메모를 남기시겠어요?
B No, I'll call again later.

A **Would you like to leave a message?**
B 아니요, 나중에 다시 전화할게요.

 TiP
*메모를 남길지 물어볼 때 Would you like to leave a message? 대신 Can[May] I take a message? 라고도 말할 수 있어요.

 sit 앉다   join 합류하다   eat 먹다   drink 마시다   something 뭔가, 어떤 것
leave a message 메모를 남기다   call 전화하다   again 다시   later 나중에

Would you like me to...?

제가 ~해 드릴까요?

상대방에게 자신이 무언가 해 주기를 바라고 있는지 정중하게 물어볼 때 Would you like me to...?라고 합니다. Would you like to...?에서 to 앞에 me가 들어간 형태이죠. 뜻은 '제가 ~해 드릴까요?'예요.

제가 확인해 드릴까요?   **Would you like me to check?**

제가 운전할까요?   **Would you like me to drive?**

제가 취소할까요?   **Would you like me to cancel it?**

제가 도와드릴까요?   **Would you like me to help you?**

제가 택시를 불러 드릴까요?   **Would you like me to call a taxi?**

A 제가 도와드릴까요?
B **Absolutely.**

A **Would you like me to help you?**
B 물론이죠.

* absolutely는 '절대적으로', '완전히'라는 뜻의 부사인데, 상황에 따라서는 '물론이지.', '전적으로 그래.'라는 의미로 상대방의 말에 완전히 동의하거나 찬성할 때 사용하기도 해요.

check 확인하다   drive 운전하다   cancel 취소하다   help 돕다   call a taxi 택시를 부르다
absolutely 물론이지, 절대적으로

Day 25 Have you...?

 다음 말을 영어로 할 수 있나요?

- 거기 가 봤어?
  ▭ ▭ been there?

- 소식 들었어요?
  ▭ ▭ ▭ the news?

- 그의 집을 본 적 있어?
  ▭ ▭ ▭ his house?

- 숙제 다 했어?
  ▭ ▭ ▭ your homework?

- 그녀를 본 적이 있어요?
  ▭ ▭ ▭ seen her?

정답_Have you | Have you heard | Have you seen | Have you done | Have you ever

Have you…?

~했어요?, ~해 봤어요?

현재완료(have+과거분사)는 현재 기억으로 가지고 있는 자신의 과거 사실을 언급할 때 사용합니다. 「Have you+과거분사?」는 '~했어요?', '~해 봤어요?'의 뜻으로, 과거의 '경험'을 물어보는 패턴입니다. 단순히 과거의 일에 대해 물어볼 때는 「Did you+동사?」(~했어?)라고 하니 구분해서 알아두세요. 현재완료 질문에 대답할 때는 긍정이면 Yes, I have.로, 부정이면 No, I haven't.라고 합니다.

그 애와 얘기해 봤어?	**Have you talked to him?**
토니에 대해 생각해 봤어?	**Have you thought about Tony?**
거기 가 봤어?	**Have you been there?**
캐나다에 가 본 적 있어요?	**Have you been to Canada?**
오래 기다렸어?	**Have you been waiting long?**

A 캐나다에 가 본 적 있어요?
B No, I haven't.

A **Have you been to Canada?**
B 못 가 봤어요.

* 「Have you been to+장소 명사?」는 '~에 가 본 적이 있어요?'라는 뜻이에요. Have you been there?(거기 가 봤어?)에서는 there가 장소 부사이므로 전치사 to를 쓰지 않은 거예요.

talk to ~와 얘기하다   think about ~에 대해 생각하다   there 거기에   Canada 캐나다
wait 기다리다   long 오래

pattern 122

Have you heard...?

~ 들었어요?

Have you heard...?는 '~ 들었어요?'라는 뜻으로, 상대방에게 소식 등을 구체적으로 들은 적이 있었는지를 묻는 말입니다. heard 다음에 종종 전치사 from(~로부터) 또는 about(~에 대해서)를 넣어서 표현하기도 하죠. 뜻은 각각 '~한테 들었어요?', '~에 대해 들었어요?'입니다.

그밖에 뭐 들은 것 있어?	**Have you heard anything else?**
소식 들었어요?	**Have you heard the news?**
토니한테 소식 있었어?	**Have you heard from Tony?**
엘리스에 대해 들었어요?	**Have you heard about Alice?**
그것에 대해 들었어?	**Have you heard about that?**

A 토니한테 소식 있었어?
B Of course, I have.

A **Have you heard from Tony?**
B 물론, 소식 있었어.

 anything else 뭐 다른 것   news 뉴스, 소식   hear from ~로부터 소식을 듣다
hear about ~에 대해 듣다   of course 물론

Have you seen...?

~을 본 적 있어요?

상대방에게 무언가를 본 적이 있는지를 물어볼 때 Have you seen...? 패턴을 쓸 수 있습니다. 뜻은 '~을 본 적 있어요?'이죠.

마이크를 본 적 있니?	**Have you seen Mike?**
그의 집을 본 적 있어?	**Have you seen his house?**
무지개를 본 적 있어?	**Have you seen a rainbow?**
어떤 영화라도 본 적 있어요?	**Have you seen any movies?**
어떤 동물이라도 본 적 있어요?	**Have you seen any animals?**

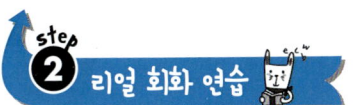

A 무지개를 본 적 있어?
B Yes, I have.

A **Have you seen a rainbow?**
B 응, 봤어.

> *TiP
> * 무지개 색깔을 '빨주노초파남보'라고 하는데 영어로는 Red, Orange, Yellow, Green, Blue, Indigo, Violet이라고 표현해요.

 house 집   rainbow 무지개   movie 영화   animal 동물

Have you done...?

~ 다 했어요?

뭔가 막 다 끝냈다고 말할 때 현재완료인 have done을 써서 표현합니다. Have you done...?은 '~ 다 했어요?'라는 뜻이죠.

step 1 패턴 집중 훈련

숙제 다 했어?	**Have you done your homework?**
프로젝트 다 끝냈어?	**Have you done your project?**
벌써 다 했어?	**Have you done it already?**
일 다 했어?	**Have you done the work?**
설거지 다 했어?	**Have you done the dishes?**

step 2 리얼 회화 연습

A 숙제 다 했어?
B No, not yet.

A **Have you done your homework?**
B 아니요, 아직 다 못했어요.

> ★ TiP
> *엄마가 아이에게 자주하는 말 중에 하나가 '숙제 다 했어?'일 거예요. 이 말은 Have you done your homework? 대신에 Have you finished your homework?라고도 할 수 있어요.

 homework 숙제 project 프로젝트 already 이미, 벌써 work 일 do the dishes 설거지하다
not yet 아직

pattern 125

Have you ever...?

~해 본 적 있어요?

과거에 무언가를 해 본 적이 있는지 경험을 물어볼 때 「Have you ever+과거분사?」 패턴을 사용합니다. '~해 본 적 있어요?'라는 뜻이죠. 여기서 ever는 '이제까지', '한 번이라도'라는 의미로, ever가 현재완료와 함께 사용되면 경험을 나타냅니다.

step 1 패턴 집중 훈련

그녀를 본 적이 있어요?	**Have you ever seen her?**
마이크와 얘기한 적 있어?	**Have you ever talked to Mike?**
그에게 전화해 본 적 있어?	**Have you ever called him?**
제주도에 가 본 적 있어요?	**Have you ever been to Jeju Island?**
전에 여기 와 본 적 있어?	**Have you ever been here before?**

step 2 리얼 회화 연습

A 제주도에 가 본 적 있어요?
B Yes, last year.

A **Have you ever been to Jeju Island?**
B 네, 작년에요.

 see 보다 talk to ~와 대화하다 call 전화하다 Jeju Island 제주도 here 이곳에 before 전에
last year 작년

PART 3

PART 3에서는 **삼인칭으로 시작하는 패턴**에 대해 공부할 거예요.
삼인칭 주어 It, This, That, There 패턴과 명령/제안 패턴 총 25개를 정리했습니다.
너무 적다고요? 많은 것을 배우고도 기억이 안 나면 그건 시간 낭비에 불과하잖아요.
단 25개의 패턴이라도 철저하게 학습하면 말을 하는데 더 큰 자신감이 생길 거예요.

pattern 200+

Day 26 It's…

 다음 말을 영어로 할 수 있나요?

- 흥미로워요.

  ▢ **interesting.**

- 너무 늦어.

  ▢ ▢ **late.**

- (날씨가) 좀 추워.

  ▢ ▢ ▢ **cold.**

- 먹을 만해.

  ▢ ▢ **eating.**

- 비 올 거야.

  ▢ ▢ ▢ **rain.**

정답 It's | It's too | It's a little | It's worth | It's going to

pattern 126

It's...

~해요

「It's+형용사」는 '~해요'의 뜻으로, 상태나 상황을 표현하는 패턴이에요. 여기서 it은 비인칭 주어라 해석할 필요는 없습니다. '그것'이라는 뜻으로 특정한 대상을 가리키는 것이 아니라 날씨, 거리, 시간 등을 나타낼 때 사용할 수 있죠.

step 1 패턴 집중 훈련

맛있네요.	**It's delicious.**
재밌네요.	**It's funny.**
밖이 추워.	**It's cold outside.**
흥미로워요.	**It's interesting.**
신 나.	**It's exciting.**

step 2 리얼 회화 연습

A What's the weather like today?
B 밖이 추워.

A 오늘 날씨 어때?
B **It's cold outside.**

TiP
* '서울 날씨는 어때요?'와 같이 지역의 날씨를 물어볼 때는 What's the weather like in Seoul?이라고 하면 돼요. What's the weather like today? 대신 How is the weather today?라고 해도 날씨를 물어보는 표현이 됩니다.

---

 delicious 맛있는 funny 재미있는 cold 추운 outside 바깥, 밖에 interesting 흥미로운 exciting 흥미진진한, 신나는 weather 날씨 today 오늘

pattern 127 It's too...

너무 ~해요

상태나 상황이 지나치다는 생각이 들 때 「It's too+형용사」 패턴을 쓸 수 있습니다. '너무 ~해요'라는 뜻이죠. 부사 too는 '너무', '지나치게'라는 의미로, 부정적인 뉘앙스를 강조해서 말할 때 사용합니다.

step 1 패턴 집중 훈련

너무 늦어.	It's too late.
너무 꽉 껴.	It's too tight.
너무 더워.	It's too hot.
너무 따분해.	It's too boring.
너무 당황스러워요.	It's too embarrassing.

step 2 리얼 회화 연습

A What do you think of this movie?
B 너무 따분해.

A 이 영화 어떻게 생각해?
B It's too boring.

TiP
*상대방의 의견을 물어볼 때 What do you think of…?(~을 어떻게 생각해?)라고 말할 수 있어요. '~에 대해 어떻게 생각해?'라고 할 때는 뒤의 전치사를 바꾸어 What do you think about…?이라고 하면 되죠. (What do you think of…? 패턴은 pattern 188에서 자세하게 배울 것입니다.)

ABC late 늦은 tight 단단한, 꽉 조이는 hot 더운 boring 지루한 embarrassing 당황스러운 think 생각하다 movie 영화

pattern 128

It's a little...

좀 ~해요

확실하게 말하기보다는 좀 누그러뜨려 표현할 때 '좀 ~해요'라고 하죠? 이 말을 영어로는 It's a little...이라고 합니다. a little은 '조금', '약간'이라는 뜻으로, 뒤에 오는 형용사를 꾸며 주죠. a little 대신 kind of를 써도 같은 뜻이 됩니다.

step 1 패턴 집중 훈련

(날씨가) 좀 추워.	**It's a little cold.**
좀 단순해.	**It's a little simple.**
좀 어려워.	**It's a little difficult.**
좀 비싸.	**It's a little expensive.**
약간 실망스러워요.	**It's a little disappointing.**

step 2 리얼 회화 연습

A Do you want to go outside?
B No, 바깥 날씨가 좀 추워.

A 밖에 나갈래?
B 아니, **it's a little cold outside.**

TIP
* Do you want to…?는 '~하고 싶어요?', '~할래요?'의 뜻이에요. 상대방에게 뭔가를 권하거나 의향을 물어볼 때 쓸 수 있는 패턴이죠.
(Do you want to…? 패턴을 pattern 097에서 다시 한번 복습해 보세요.)

  cold 추운   simple 단순한   difficult 어려운   expensive 비싼   disappointing 실망스러운
want to ~하고 싶다   go 나가다   outside 밖에

pattern 129 It's worth...

~할 가치가 있어요

상대방에게 뭔가를 추천할 때 유용하게 쓸 수 있는 패턴입니다. '~할 가치가 있어요'의 뜻으로, worth 다음에는 명사(구)나 동명사(-ing)가 나옵니다.

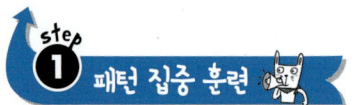

그만한 가치가 있어.	**It's worth it.**
해볼 가치가 있어.	**It's worth a try.**
가 볼 만해.	**It's worth a visit.**
기다릴 가치가 있어요.	**It's worth waiting.**
먹을 만해.	**It's worth eating.**

A Have you ever been to Busan?
B Yes, 가 볼 만해.

A 부산에 가 본 적이 있어?
B 응, **it's worth a visit.**

> ★ TIP
> * worth는 명사도 되고 형용사도 돼요. 형용사로는 '~할 가치가 있는'의 뜻이에요. 구어체에서 동작의 뜻을 나타내는 명사와 함께 사용되죠. 그래서 be worth a visit은 '방문할 가치가 있다'라는 뜻이 됩니다.

 try 시도 visit 방문 wait 기다리다 eat 먹다 Busan 부산 worth ~할 가치가 있는

It's going to...

~할 거예요

미리 계획되거나 예정된 일 또는 곧 일어나게 될 일에 대해 말할 때 be going to...를 씁니다. 「It's going to+동사원형」은 '~할 거예요'라는 의미죠.

비 올 거야. 　　　　It's going to rain.

눈이 내릴 거야. 　　It's going to snow.

힘들 거예요. 　　　It's going to be difficult.

재미있을 거야. 　　It's going to be interesting.

괜찮을 거예요. 　　It's going to be all right.

A 오늘 밤에 비 올 거야.
B I don't think so.

A **It's going to rain tonight.**
B 난 그렇게 생각 안 해.

TIP
* 날씨에 대한 표현들을 살펴봅시다.
It's cloudy. (날씨가 흐려.)
It's rainy. (비가 와.)
It's sunny. (날씨가 화창해.)
It's windy. (바람이 불어.)
It's foggy. (안개가 꼈어.)

rain 비가 오다, 비　snow 눈이 내리다, 눈　difficult 어려운　interesting 흥미로운　all right 괜찮은
tonight 오늘 밤　think 생각하다　so 그렇게

Day 27 It...

다음 말을 영어로 할 수 있나요?

- 쉽지, 안 그래?

　　　　　easy, 　　　　　　　　　　?

- 재미있어 보여.

　　　　　　　　　　fun.

- 배처럼 보이는데.

　　　　　　　　　　　　　　a ship.

- 작동 안 돼.

　　　　　　　　　　work.

- 아프니?

　　　　　　　　　　hurt?

정답: It's / isn't it | It looks | It looks like | It doesn't | Does it

pattern 131
It's…, isn't it?

~하죠, 그렇지 않아요? / ~하죠, 안 그래요?

뭔가에 대해 확신이 들지 않아 다시 한번 확인할 때 또는 상대방에게 동의를 구할 때 부가의문문으로 표현하면 좋습니다. 「It's+명사(구)/형용사, isn't it?」은 '~하죠, 그렇지 않아요?', '~하죠, 안 그래요?'의 뜻입니다.

step 1 패턴 집중 훈련

오늘 금요일이지, 안 그래?	**It's Friday today, isn't it?**
비싸죠, 그렇지 않아요?	**It's expensive, isn't it?**
쉽지, 안 그래?	**It's easy, isn't it?**
흥미롭죠, 그렇지 않아요?	**It's exciting, isn't it?**
놀랍지, 안 그래?	**It's surprising, isn't it?**

step 2 리얼 회화 연습

A 비싸죠, 그렇지 않아요?
B Yes, it is.

A It's expensive, isn't it?
B 네, 그래요.

TiP

* 부가의문문을 만들 때 평서문이 긍정일 때는 부정으로, 부정일 때는 긍정으로 말하면 된답니다.

It's expensive.가 긍정문이기 때문에 부가의문문은 부정형인 isn't it?인데, 부정문의 부가의문문은 긍정형을 씁니다. 예를 들면, It's not expensive, is it? 과 같이 되겠죠. 네이티브들은 isn't it 대신에 right를 써서 It's expensive, right?(비싸죠, 그렇죠?)라고도 말해요.

ABC Friday 금요일 today 오늘 expensive 비싼 easy 쉬운 exciting 흥미진진한, 재미있는 surprising 놀라운, 놀랄 만한

It looks...

~해 보여요

'~해 보여요'라고 말할 때 쓸 수 있는 패턴입니다. It looks 뒤에는 형용사가 온다는 것 꼭 기억하세요. 전치사 등이 오면 의미가 달라집니다.

step 1 패턴 집중 훈련

재미있어 보여.	**It looks fun.**
맛있어 보여요.	**It looks delicious.**
깨끗해 보여.	**It looks clean.**
흥미롭겠는데.	**It looks interesting.**
놀라워 보여.	**It looks shocking.**

step 2 리얼 회화 연습

A I made this bread for you.
B 맛있어 보여요.

A 당신을 위해 이 빵을 만들었어요.
B **It looks delicious.**

 fun 재미있는, 신나는   delicious 맛있는   clean 깨끗한   interesting 재미있는, 흥미로운   shocking 충격적인   make 만들다   this 이, 이것   bread 빵   for ~를 위해

It looks like…

~처럼 보여요, ~인 것 같아요

어떤 사물이나 상황을 보고 난 뒤 '~처럼 보여요', '~인 것 같아요'라고 자기 생각이나 의견을 말할 때 쓸 수 있는 패턴이에요. It looks like 뒤에는 명사(구)가 옵니다.

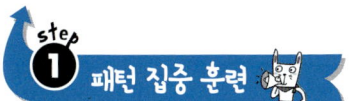

배처럼 보이는데.	**It looks like a ship.**
귀신같아 보여.	**It looks like a ghost.**
봄인 것 같아요.	**It looks like spring.**
비 오는 것 같아.	**It looks like rain.**
사랑인 것 같은데.	**It looks like love.**

A What does it look like?
B 배처럼 보이는데.

A 어떻게 생겼어?
B **It looks like a ship.**

★TiP
* 사물의 생김새를 물을 때 What does it look like? 표현을 사용해요. 뜻은 '어떻게 생겼어요?'예요.

 ship 배 ghost 귀신, 유령 spring 봄 rain 비 love 사랑

It doesn't...

~하지 않아요

영어에서 일반동사 문장을 부정문으로 만들 때 동사 앞에 don't나 doesn't을 넣죠. 「It doesn't+동사」는 「It+동사」의 부정형으로, '~하지 않아요'라는 뜻입니다. 정말 많이 쓰는 패턴 중 하나이지만, 막상 말할 때는 잘 생각이 나지 않는 경우가 많으니 쓰임을 잘 익혀 두세요.

작동 안 돼.	**It doesn't** work.
상관없어요.	**It doesn't** matter.
그렇게 나빠 보이진 않아요.	**It doesn't** look so bad.
맛이 좋지 않아.	**It doesn't** taste good.
안 아파.	**It doesn't** hurt.

A I don't even know his name.
B 상관없어요.

A 난 그의 이름조차도 몰라요.
B **It doesn't matter.**

* 부사 even은 '~조차(도)'의 뜻이에요. 여기서는 동사 know 앞에 나와 know를 강조해 주는 역할을 했어요.

---

work 일하다, 작동하다 **matter** 중요하다, 문제가 되다 **look** 보이다 **so** 그렇게 **bad** 나쁜
taste 맛이 나다 **good** 좋은 **hurt** 다치다, 아프다 **even** 심지어 **know** 알다 **name** 이름

Does it...?

그거 ~해요?

「Does it+동사?」라고 하면 '그거 ~해요?'라는 의미입니다. 동사 자리에는 동사원형이 나오죠. 대명사 it은 서로 나누는 대화의 주제를 가리킵니다.

아프니?	**Does it hurt?**
그것 때문에 불쾌해?	**Does it offend you?**
시간 오래 걸려?	**Does it take long?**
맛있어?	**Does it taste good?**
보기 좋아요?	**Does it look good?**

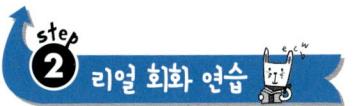

A 아프니?
B Yeah, it really does.

A Does it hurt?
B 응, 정말 아파.

 hurt 다치다, 아프다 **offend** 불쾌하게 하다, 어기다 **take long** (시간이) 오래 걸리다
taste good 맛이 좋다 **look good** 잘 어울리다, 멋져 보이다 **really** 정말

Day 28 Is it…?

 다음 말을 영어로 할 수 있나요?

- 정말 사실이야?

  ▭ ▭ ▭ true?

- 안 쉬워?

  ▭ ▭ easy?

- 모임 있는 거 아니에요?

  ▭ ▭ a meeting?

- 일찍 떠나도 될까요?

  ▭ ▭ ▭ ▭ ▭ leave early?

- 지금 가도 되니?

  ▭ ▭ ▭ ▭ ▭ go now?

정답: Is it really | Isn't it | Isn't there | Is it okay if | Is it all right to

Is it really…?

정말 ~해요?

뭔가를 강조해서 말할 때 부사 really를 사용합니다. '정말'이라는 뜻이죠. 즉, 부사 really는 형용사의 의미를 강조해 주는 역할을 해요. 따라서 「Is it really+형용사?」라고 하면 '정말 ~해요?'의 뜻이 되는 거죠.

정말 중요해?	**Is it really important?**
정말 싸?	**Is it really cheap?**
정말 위험해?	**Is it really dangerous?**
정말 사실이야?	**Is it really true?**
정말 흥미로운 거야?	**Is it really exciting?**

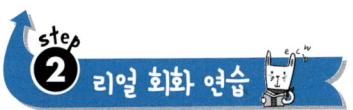

A 운동하는 게 정말 중요해?
B **Of course, it is.**

A **Is it really important to exercise?**
B 물론 당연하지.

 important 중요한 cheap 싼, 저렴한 dangerous 위험한 true 진실한, 사실인
exciting 흥미진진한 excercise 운동하다 of course 물론이지

Day 28_189

pattern 137

Isn't it...?

~ 아니에요?, ~하지 않아요?

뭔가에 대한 상대방의 생각을 물어볼 때나 자신이 알고 있는 사실에 대해 상대방의 동의를 구할 때 「Isn't it+형용사」 패턴을 써서 말할 수 있습니다. '~ 아니에요?', '~하지 않아요?'라는 뜻이죠.

step 1 패턴 집중 훈련

안 쉬워?	**Isn't it easy?**
춥지 않아?	**Isn't it cold?**
좋지 않니?	**Isn't it great?**
비싼 거 아니에요?	**Isn't it expensive?**
흥미롭지 않니?	**Isn't it interesting?**

step 2 리얼 회화 연습

A 비싼 거 아니에요?
B Well, I don't think so.

A **Isn't it expensive?**
B 글쎄요, 그렇게 생각 안 해요.

 easy 쉬운 cold 추운 great 훌륭한, 좋은 expensive 비싼 interesting 재미있는, 흥미로운
think 생각하다 well 글쎄 so 그렇게

Isn't there…?

~이 있지 않나요?

부정의문문인 「Isn't there+명사(구)?」도 역시 상대방의 동의를 얻고자 할 때 사용하는 패턴입니다. 뜻은 '~이 있지 않나요?'예요. 긍정일 때는 yes로, 부정일 때는 no로 대답하면 됩니다.

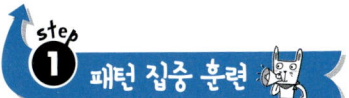

서점이 있지 않나요?	**Isn't there a bookstore?**
모임 있는 거 아니에요?	**Isn't there a meeting?**
이 근처에 은행 있지 않니?	**Isn't there a bank around here?**
더 쉬운 방법이 있지 않아?	**Isn't there an easier way?**
더 가까운 곳 있지 않나요?	**Isn't there anywhere closer?**

A 이 근처에 은행 있지 않니?
B There's one behind this building.

A **Isn't there a bank around here?**
B 이 건물 뒤에 있어.

TiP
* 부정의문문인 Isn't there…?에 대답할 때, '있어요.'라고 할 때는 Yes, there is., '없어요.'라고 할 때는 No, there isn't.라고 해요.

 bookstore 서점   meeting 모임   bank 은행   around here 이 근처에, 이 주변에   easier 더 쉬운   way 방법   anywhere 어디에, 어디든   closer 더 가까운   behind ~ 뒤에   building 건물

Is it okay if I...?

~해도 될까요?

때로는 상대방으로부터 먼저 허락을 받아야 하는 상황이 있게 마련이에요. 이럴 때 「Is it okay if I + 동사?」 패턴을 사용합니다. 뜻은 '~해도 될까요?'로, if I 뒤에는 동사 현재형을 씁니다.

일찍 떠나도 될까요?	**Is it okay if I leave early?**
여기서 자도 돼요?	**Is it okay if I sleep here?**
이것 좀 빌려도 될까요?	**Is it okay if I borrow this?**
메모를 남겨도 될까?	**Is it okay if I leave a message?**
전화 좀 써도 돼?	**Is it okay if I use your phone?**

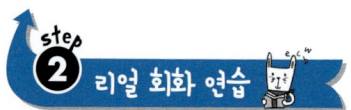

A 전화 좀 써도 돼?
B Sure, no problem.

A **Is it okay if I use your phone?**
B 응, 괜찮아.

* 전화(phone)와 관련된 표현들을 살펴볼게요.
answer the phone (전화를 받다)
pay phone (공중전화)
hang up the phone (전화를 끊다)

early 일찍 sleep 자다 borrow 빌리다 leave 남기다, 떠나다 message 메모 use one's phone ~의 전화를 사용하다 no problem 물론이죠, 괜찮아요

Is it all right to...?

~해도 괜찮을까요?

가끔은 행동하기 전에 상대방으로부터 먼저 양해를 구해야만 할 때가 있죠. 이럴 때 「Is it all right to+동사?」 패턴을 사용합니다. '~해도 괜찮을까요?'라는 뜻이죠. 여기서 all right 대신에 okay를 사용해도 괜찮아요.

여기 앉아도 돼요?	**Is it all right to sit here?**
지금 가도 되니?	**Is it all right to go now?**
이것 좀 먹어도 될까요?	**Is it all right to eat this?**
그를 데려가도 괜찮아요?	**Is it all right to bring him?**
나중에 전화해도 될까?	**Is it all right to call you later?**

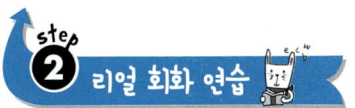

A 지금 가도 되니?
B Yes, go ahead.

A **Is it all right to go now?**
B 응, 그렇게 해.

 sit 앉다　here 여기에　go 가다　now 지금　eat 먹다　this 이것　bring 데려가다[오다]
call 전화하다　later 나중에　go ahead 그렇게 하세요

Day 29 — This is… / There is…

다음 말을 영어로 할 수 있나요?

- 이쪽은 내 친구야.
  _____ _____ my friend.

- 괜찮아.
  _____ okay.

- 이거 네 시계야?
  _____ _____ _____ watch?

- 테이블이 있어.
  _____ _____ a table.

- 물 없어.
  _____ _____ _____ water.

정답: This is | That's | Is this your | There is | There is no

pattern 141

This is...

이건 ~예요, 이건 ~해요

사람을 소개하거나 장소를 가리켜 'This is+명사(구)/형용사'라고 하면 그 뜻은 '이건 ~예요', '이건 ~해요'가 됩니다. 지시대명사 역할을 하는 this는 상황에 따라 사람이나 사물을 가리킵니다.

step 1 패턴 집중 훈련

이건 비싸요.	**This is expensive.**
끔찍해요.	**This is horrible.**
여기가 내 사무실이야.	**This is my office.**
이쪽은 내 친구야.	**This is my friend.**
여기가 내가 내릴 정류장이야.	**This is my stop.**

step 2 리얼 회화 연습

A Tony! 이쪽은 내 친구, Juliet.
B Hi. Nice to meet you.

A 토니! **This is my friend,** 줄리엣이야.
B 안녕. 만나서 반가워.

> ★ TIP
> * 누군가를 처음 대면하게 되면 '만나서 반가워요.'라는 의미로 Nice to meet you.라고 인사하죠. 헤어지는 상황에서 '만나서 반가웠어.'라고 할 때는 Nice meeting you.라고 말하면 돼요.

 expensive 비싼   horrible 끔찍한   office 사무실   friend 친구   stop 정거장, 정차   meet 만나다

That's...

그건 ~예요, 그건 ~해요

사람이나 사물을 가리켜 말할 때, 때로는 자신의 생각이나 의견을 표현할 때 「That's+명사(구)/형용사」 패턴을 사용합니다. '그건 ~예요' 또는 '그건 ~해요'의 뜻이죠.

step 1 패턴 집중 훈련

그건 사실이야.	**That's true.**
괜찮아.	**That's okay.**
그건 불가능해.	**That's impossible.**
내 말이 바로 그거야.	**That's my point.**
그거 좋은 생각이야.	**That's a good idea.**

step 2 리얼 회화 연습

A How about having lunch together?
B 그거 좋은 생각이야.

A 같이 점심 먹는 게 어때?
B **That's a good idea.**

> **Tip**
> * That's a good idea.는 상대방의 제안이 마음에 들 때 '좋은 생각이야.' 라고 맞장구치는 말이에요. 비슷한 표현으로 That sounds good.(좋아요.), That sounds great.(그거 좋아요.) 등이 있어요. 모두 '동의'의 뜻으로 사용해요.

 true 진실한, 정말인   okay 괜찮은   impossible 불가능한   point 요점   good idea 좋은 생각   have lunch 점심을 먹다   together 함께

Is this your...?

이거 당신 ~인가요?

무언가를 가리키며 상대에게 '이거 당신 ~인가요?'라고 물어볼 때 「Is this your+명사?」 패턴을 사용합니다. 소유격인 your(당신의)는 다음에 나오는 명사를 수식해 주는 역할을 합니다.

이거 네 시계야?	**Is this your watch?**
이거 네 차야?	**Is this your car?**
이거 네 책이니?	**Is this your book?**
이거 당신 가방인가요?	**Is this your bag?**
여기가 네 학교야?	**Is this your school?**

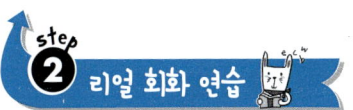

A 이거 네 차야?
B Yes, it's mine.

A **Is this your car?**
B 응, 내 차야.

TIP
* 소유대명사 mine은 소유격과 명사를 합쳐서 표현할 때 사용해요. 여기서 Yes, it's mine.은 Yes, it's my car.의 줄임말로, mine은 소유격 my와 명사 car를 합친 거죠.

 watch 시계   car 차   book 책   bag 가방   school 학교   mine 내 것

There is[are]...

~[들]이 있어요

There is[are]...는 '~이 있어요', '~들이 있어요'의 의미입니다. 뒤에 오는 말이 단수일 때는 There is, 복수일 때는 There are를 쓰죠.

step 1 패턴 집중 훈련

테이블이 있어.	**There is a table.**
택시 승강장이 있어요.	**There is a taxi stand.**
이곳에 박물관이 있어요.	**There is a museum here.**
사람들이 많아요.	**There are a lot of people.**
방들이 충분해.	**There are enough rooms.**

step 2 리얼 회화 연습

A 이곳에 박물관이 있어요.
B What is it called?

A There is a museum here.
B 이름이 뭐예요?

 table 테이블, 탁자 taxi stand 택시 승강장 museum 박물관, 기념관 here 여기에, 이곳에 a lot of 많은 people 사람들 enough 충분한 room 방 call 부르다

There is no...

~이 없어요

뭔가가 전혀 없다고 말할 때 사용하는 패턴이 There is no...입니다. '~이 없어요'라는 뜻으로, 뒤에는 명사(구)가 옵니다. 형용사 no는 not any의 줄임말로 뒤에 나오는 명사를 꾸며 줍니다.

물 없어.	**There is no water.**
문제없어.	**There is no problem.**
서두를 거 없어.	**There is no hurry.**
시간 없어.	**There is no time.**
커피숍이 없어요.	**There is no coffee shop.**

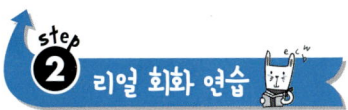

A Is there a coffee shop nearby?
B 이 근처에는 커피숍이 없어요.

A 근처에 커피숍이 있나요?
B **There is no coffee shop around here.**

> **TiP**
> *There is no coffee shop around here.에서 형용사 no를 not any로 바꾸면 There isn't any coffee shop around here. 라고도 표현할 수 있어요.

 water 물 problem 문제 hurry 서두르기, 허둥대기 time 시간 coffee shop 커피숍
nearby 근처에, 바로 옆에   around here 이 근처에는, 여기에

Day 30 명령 / 제안

 다음 말을 영어로 할 수 있나요?

- 울지 마.

  ▢ cry.

- 그렇게 화내진 마.

  ▢ ▢ ▢ angry.

- 담배 좀 끊어.

  ▢ smoking.

- 가자.

  ▢ go.

- 내게 알려 줘.

  ▢ ▢ know.

정답: Don't | Don't be so | Stop | Let's | Let me

Don't...

~하지 마요

'~해라'라는 뜻의 명령문을 만들 때는 주어를 빼고 일반동사로 문장을 시작하면 됩니다.
예) ~~You~~ do it. → Do it. (그거 해.)
반대로 '~하지 마요'라고 뭔가를 금지하거나 하지 말라고 할 때는 동사 앞에 Don't만 붙여 주면 됩니다. 예) Do it. → Don't do it. (그거 하지 마.)

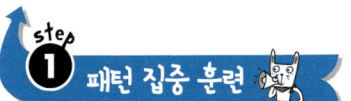

울지 마.	**Don't cry.**
걱정하지 마.	**Don't worry.**
그러지 마.	**Don't do that.**
과속하지 마.	**Don't drive too fast.**
다신 전화하지 마.	**Don't call me again.**

A 걱정하지 마.
B Thanks for saying that.

A **Don't worry.**
B 말이라도 고마워.

 cry 울다　worry 걱정하다　do 하다　that 그것, 그렇게　drive too fast 과속하다　fast 빨리　call 전화하다　again 다시　thanks for ~에 감사하다　say 말하다

Don't be so...

너무 ~하지 마요, 그렇게 ~하지 마요

상대방의 행동이나 모습이 너무 지나쳐 좀 진정하라고 말할 때 「Don't be so+형용사」 패턴을 사용할 수 있습니다. '너무 ~하지 마요', '그렇게 ~하지 마요'라는 뜻이죠.

step 1 패턴 집중 훈련

그렇게 초조해하지 마. **Don't be so nervous.**

그렇게 화내진 마. **Don't be so angry.**

너무 슬퍼하진 마. **Don't be so sad.**

너무 우울해하지 마. **Don't be so depressed.**

너무 걱정하지 마. **Don't be so worried.**

step 2 리얼 회화 연습

A I failed the test again.
B 너무 슬퍼하진 마.

A 나 시험에 또 떨어졌어.
B **Don't be so sad.**

Tip
* 상대방으로부터 안 좋은 소식을 들었을 때 위로의 뜻으로 '너무 슬퍼하진 마.'라고 말하곤 하죠. 이 말은 Don't be so sad.라고 해요.

 nervous 초조한　angry 화난　sad 슬픈　depressed 우울한　worried 걱정되는
fail 실패하다, 떨어지다　test 시험, 실험　again 또, 다시

Stop -ing

~ 좀 하지 마요, ~ 좀 그만해요

지속적으로 해 오던 동작을 멈추라고 말할 때 Stop -ing 패턴을 씁니다. '~ 좀 하지 마요', '~ 좀 그만해요'라는 의미죠. 동사 stop 다음에 -ing가 오는 것을 꼭 기억하세요.

그만 좀 불평해.	**Stop complaining.**
전화 좀 하지 마.	**Stop calling me.**
술 좀 끊어.	**Stop drinking.**
그만 좀 해.	**Stop doing that.**
담배 좀 끊어.	**Stop smoking.**

A 밤에 전화 좀 하지 마.
B Oh, I'm sorry.

A **Stop calling me at night.**
B 오, 미안해.

---

 complain 불평하다   **call** 전화하다   **drink** (술) 마시다   **do** 하다   **that** 그것   **smoke** 담배를 피우다
at night 밤에   **sorry** 미안한, 유감스러운

Let's...

~합시다

뭔가를 제안하거나 권할 때 가장 쉽게 사용할 수 있는 패턴이 바로 「Let's+동사」예요. '~합시다'의 뜻으로, 동사만 살짝 바꿔 넣어서 다양한 표현들을 만들 수가 있습니다.

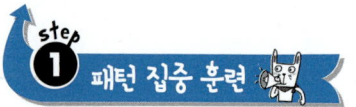

가자. Let's go.

저거 사자. Let's buy that.

잊어버리자. Let's forget about it.

술 한잔해요. Let's have a drink.

산책합시다. Let's take a walk.

A 산책합시다.
B That sounds good.

A Let's take a walk.
B 좋아요.

 go 가다 buy 사다 forget 잊다 about ~에 대해서 have a drink 술 한잔하다
take a walk 산책하다 sound 들리다 good 좋은

Let me...

제가 ~할게요

상대방으로부터 허락을 구할 때 사역동사인 let을 사용해서 표현할 수 있습니다. 「Let me+동사」는 '내가 ~하게 해 달라', 즉 '제가 ~할게요'의 뜻으로 회화에서 자주 쓰는 패턴 중 하나예요. 여기서 let me 다음의 동사는 꼭 동사원형을 써야 한다는 것 기억하세요.

step 1 패턴 집중 훈련

내가 요리할게.	Let me cook.
내게 알려 줘.	Let me know.
잠 좀 자자.	Let me sleep.
내가 한번 맞춰 볼게.	Let me guess.
내가 이거 할게.	Let me do this.

step 2 리얼 회화 연습

A 내가 널 위해 요리할게.
B You don't need to do that.

A Let me cook for you.
B 그럴 필요까지는 없어.

TIP
*상대방의 호의가 좀 부담스럽게 느껴져 '그럴 필요까지는 없어.'라고 할 때 You don't need to do that.이라고 말하죠. You don't have to do that.이라고 해도 역시 같은 뜻이랍니다.

 cook 요리하다 know 알다 sleep 자다 guess 추측하다 do 하다 this 이것
don't need to ~할 필요가 없다 that 그것

PART 4

마지막 PART 4에서는 **육하원칙을 이용한 패턴**을 배울 거예요.
육하원칙 When, Who, What, Why, Where, How를 잘 이용하면
다양한 문장을 간단히 만들 수 있고, 궁금한 점도 쉽게 물어볼 수 있어요.
일상생활 속에서 빈번하게 등장하는 50개의 육하원칙 패턴을 엄선하여 정리했어요.
네이티브가 자주 사용하는 패턴을 집중적으로 학습해 보세요.
그러면 네이티브를 만났을 때 다양한 질문으로 대화를 주도할 수 있을 거예요.

pattern 200+

Day 31 Who (1)

 다음 말을 영어로 할 수 있나요?

- 누가 이걸 원해?

  ▢ wants this?

- (문 앞에서) 누구세요?

  ▢ ▢ it?

- 너희 아빠가 누구야?

  ▢ ▢ ▢ father?

- 네가 가장 좋아하는 선생님이 누구야?

  ▢ ▢ ▢ ▢ teacher?

- 저건 누구 차야?

  ▢ car ▢ ▢ ?

정답_Who | Who is | Who is your | Who is your favorite | Whose / is that

Who...?

누가 ~?

의문사 who 다음에 be동사나 조동사 없이 바로 동작을 나타내는 일반동사를 써서 행위의 주체를 물어보는 의문문을 만들 수 있습니다. 여기서 동사 시제가 현재일 때는 '누가 ~해?', 과거일 때는 '누가 ~했어?'라고 해석하면 됩니다.

누구한테 들었어?	**Who told you?**
누가 너한테 전화했어?	**Who called you?**
누가 뭐래?	**Who cares?**
누가 그래?	**Who says so?**
누가 이걸 원해?	**Who wants this?**

A 오늘 아침 누가 너한테 전화했어?
B **Mr. Park did.**

A **Who called you this morning?**
B 미스터 박이 전화했어.

>
> *Mr. Park called me this morning.을 대동사(대신하는 동사) do의 과거형인 did를 활용해서 간단하게 Mr. Park did.처럼 표현하기도 해요.

 tell 말하다 call 전화하다 care 염려하다, 돌보다 say 말하다 so 그렇게, 그래서 want 원하다 this 이것 this morning 오늘 아침

Who is...?

~은 누구예요?

「Who is+명사(구)?」는 '~은 누구예요?'라는 뜻으로, 명사(구)의 주체가 누군지 알고 싶을 때 사용하죠. 때로는 Who is를 Who's로 줄여서 말하기도 합니다.

step 1 패턴 집중 훈련

(문 앞에서) 누구세요?	**Who is it?**
전화하신 분 누구시죠?	**Who's calling?**
(전화상에서) 누구세요?	**Who's this?**
거기 누구야?	**Who's there?**
이 아가씨는 누구예요?	**Who's this lady?**

step 2 리얼 회화 연습

A 전화하신 분 누구시죠?
B This is Tony speaking.

A Who's calling?
B 저는 토니예요.

TiP
* 전화상에서 전화를 건 상대방의 이름을 알고 싶을 때는 What's your name?이 아니라 Who's calling? 또는 Who's this?라고 해야 해요.

 call 전화하다   there 거기, 그곳   lady 아가씨, 숙녀   speaking 말하기, 이야기하는

Who is your...?

당신의 ~은 누구예요?

「Who is your+명사(구)?」라고 하면 '당신의 ~은 누구예요?'라는 뜻이에요. 여기서 소유격인 your 다음에 궁금한 사람을 넣어서 물어보면 됩니다.

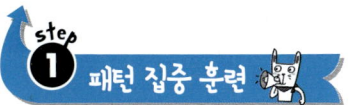

너희 아빠가 누구야?	**Who is your father?**
당신 고객이 누구예요?	**Who is your client?**
누가 네 여자친구지?	**Who is your girlfriend?**
누가 네 형이야?	**Who is your brother?**
가장 친한 친구가 누구야?	**Who is your best friend?**

A 가장 친한 친구가 누구야?
B Tony is my best friend.

A **Who is your best friend?**
B 토니가 내 가장 친한 친구야.

 father 아버지 **client** 고객 **girlfriend** 여자친구 **brother** 형, (남)동생
best friend 가장 친한 친구

Day 31_211

Who is your favorite…?

가장 좋아하는 ~은 누구죠?

상대방에게 누구를 제일 좋아하는지 물어볼 때 「Who is your favorite+명사(구)?」 패턴을 사용합니다. '가장 좋아하는 ~은 누구죠?'라는 뜻이죠. 형용사 favorite에는 '가장 좋아하는', '제일 좋아하는'의 의미가 있습니다.

가장 좋아하는 작가는 누구죠?	**Who is your favorite author?**
네가 가장 좋아하는 선생님이 누구야?	**Who is your favorite teacher?**
제일 좋아하는 가수는 누구예요?	**Who is your favorite singer?**
제일 좋아하는 선수가 누구예요?	**Who is your favorite player?**
영화배우 누굴 제일 좋아해?	**Who is your favorite movie star?**

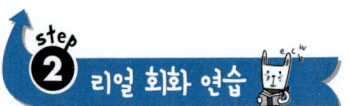

A 영화배우 누굴 제일 좋아해?
B My favorite movie star is Jim Carrey.

A **Who is your favorite movie star?**
B 가장 좋아하는 영화배우는 짐 캐리야.

> *Tip
> * 영화와 관련된 표현
> director (감독)
> actor (남자배우)
> actress (여자배우)
> supporting actor (남자 조연)
> supporting actress (여자 조연)

 author 작가, 저자   teacher 선생님   singer 가수   player 선수   movie star 영화배우
favorite 가장 좋아하는

Whose... is this[that]?

이거[저거] 누구의 ~예요?

의문사 who의 소유격은 whose입니다. 형용사 역할을 하므로 뒤에는 명사가 나와야 하죠. 「Whose +명사+is this[that]?」는 '이거[저거] 누구의 ~예요?'라는 뜻입니다.

step 1 패턴 집중 훈련

이 사전은 누구 거예요?	**Whose dictionary is this?**
이거 누구 휴대폰이야?	**Whose cell phone is this?**
저건 누구 차야?	**Whose car is that?**
저거 누구 가방이야?	**Whose bag is that?**
저건 누구 집이야?	**Whose house is that?**

step 2 리얼 회화 연습

A 저건 누구 차야?
B Well, I don't know.

A **Whose car is that?**
B 글쎄, 모르겠는데.

> **TiP**
> *의문사 who의 소유격은 whose, 목적격은 whom이에요. whose는 뒤에 나오는 명사를 수식하는 형용사 역할을 해요. 그러므로 Whose car is that?에서 whose가 명사 car를 수식해 주는 거랍니다.

---

dictionary 사전   cell phone 휴대폰, 휴대전화   car 차   bag 가방   house 집   know 알다

Who (2)

 다음 말을 영어로 할 수 있나요?

- 지금 누구를 사랑해요?

　　　　　　　　　　　　love now?

- 너 누구 만났어?

　　　　　　　　　　meet?

- 누가 그를 도울 거야?

　　　　　　help him?

- 누가 이걸 할 수 있어?

　　　　　　do this?

- 수영할 사람?

　　　　　　　　　swim?

정답_Who do you | Who did you | Who will | Who can | Who wants to

Who do you...?

누구를 ~해요?

어떤 사람에 대한 상대방의 생각이나 의견을 물어볼 때 「Who do you+동사?」 패턴을 유용하게 쓸 수 있습니다. '누구를 ~해요?'의 뜻이죠.

누구를 존경하시죠?	**Who do you respect?**
지금 누구를 사랑해요?	**Who do you love now?**
넌 누굴 닮았어?	**Who do you look like?**
넌 누굴 추천해?	**Who do you recommend?**
누굴 초대하고 싶어?	**Who do you want to invite?**

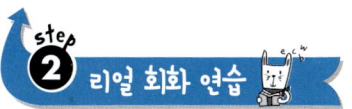

A 누굴 초대하고 싶어?
B I want to invite my friends.

A **Who do you want to invite?**
B 친구들을 초대하고 싶어.

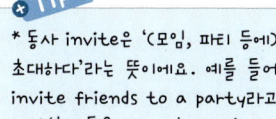

* 동사 invite은 '(모임, 파티 등에) 초대하다'라는 뜻이에요. 예를 들어 invite friends to a party라고 하면 '친구들을 파티에 초대하다'예요.

 respect 존경하다　love 사랑하다　now 지금　look like ~처럼 보이다, 닮다
recommend 추천하다　want to ~하고 싶다, ~하길 원하다　invite 초대하다　friend 친구

Who did you...?

누구에게 ~했어요?, 누구를 ~했어요?

현재가 아닌 과거에 누구와 무엇을 했는지 알고 싶을 때가 있죠. 이때 「Who did you+동사?」라고 하면 됩니다. '누구에게 ~했어요?', '누구를 ~했어요?'의 뜻이죠.

누구를 좋아했어?	**Who did you like?**
너 누구 만났어?	**Who did you meet?**
누구에게 전화했어요?	**Who did you call?**
누구를 선택했던 거야?	**Who did you choose?**
누구를 초대했어요?	**Who did you invite?**

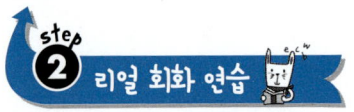

A 너 누구 만났어?
B I met Tony.

A **Who did you meet?**
B 토니 만났어.

 like 좋아하다   meet 만나다   call 전화하다   choose 선택하다, 선출하다   invite 초대하다

Who will...?

누가 ~할 거예요?

will은 미래에 뭔가를 즉흥적으로 할 경우 사용하는 조동사입니다. 「Who will+동사?」는 '누가 ~할 거예요?'라는 뜻이에요. 이에 반해 미래를 나타내는 또 다른 표현인 be going to는 미래에 할 일을 과거에 계획해 두었을 때 사용합니다.

step 1 패턴 집중 훈련

누가 제인에게 전화할 거야?	**Who will call Jane?**
누가 그를 도울 거야?	**Who will help him?**
누가 계산할 거야?	**Who will pay the bill?**
누가 시험에 통과할까?	**Who will pass the test?**
누가 그곳에 갈까요?	**Who will be there?**

step 2 리얼 회화 연습

A 누가 제인에게 전화할 거야?
B I will call her.

A Who will call Jane?
B 내가 그녀에게 전화할 거야.

---

 call 전화하다　help 돕다　pay the bill 계산하다　pass the test 시험에 통과하다
be there 그곳에 가다, 그곳에 있다

Who can...?

누가 ~할 수 있어요?

누가 무언가를 할 수 있는지 물어볼 때 「Who can+동사?」 패턴을 쓸 수 있습니다. 조동사 can은 '할 수 있다'는 '가능'의 의미를 가지는데, 때로는 '~해도 된다'는 '허락'의 뜻으로도 사용됩니다.

누가 우릴 도울 수 있지?	**Who can help us?**
누가 그를 믿을 수 있죠?	**Who can trust him?**
누가 이걸 할 수 있어?	**Who can do this?**
누가 내 파트너 될 수 있지?	**Who can be my partner?**
누가 팀을 이끌 수 있어?	**Who can lead the team?**

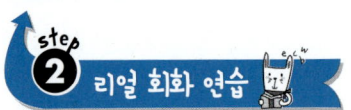

A 누가 이걸 할 수 있어?
B I don't know.

A **Who can do this?**
B 모르겠어.

 TiP

* '모른다.' 하면 I don't know.가 제일 먼저 생각나죠. 네이티브들은 이런 상황에서 I have no idea.(모르겠어.)라고도 표현해요.

 help 돕다　trust 믿다　do 하다　this 이것　partner 상대, 배우자, 파트너
lead the team 팀을 이끌다　know 알다

Who wants to...?

~할 사람?

누가 자신의 제안에 따르고 싶은지 확인할 때 사용하는 패턴이 「Who wants to+동사?」입니다. 주위를 둘러보면서 '~할 사람 (있나요)?'이라고 물어보는 상황에서 쓸 수 있죠. 상황에 따라 「Who wants+명사(구)?」로도 표현할 수 있습니다.

수영할 사람?	**Who wants to swim?**
맥주 마실 사람?	**Who wants to drink beer?**
아침 먹을 사람?	**Who wants to have breakfast?**
나랑 함께 있을 사람?	**Who wants to be with me?**
집에 가고 싶은 사람?	**Who wants to go home?**

A 수영할 사람?
B I do!

A **Who wants to swim?**
B 내!

+ TiP

* Who wants to swim?(수영할 사람?)의 답변으로 I want to swim.(수영하고 싶어.)을 간단하게 I do!로 표현했습니다. 다른 예로 Who wants to sleep?(잘 사람?)이라고 할 때도 I want to sleep.(자고 싶어.) 대신 I do!로 대답할 수 있어요. 또는 Me!처럼 간단하게 말하기도 하죠.

 swim 수영하다 drink 마시다 beer 맥주 have breakfast 아침 먹다 be with ~와 함께하다
go home 집에 가다

Day 33 Where

 다음 말을 영어로 할 수 있나요?

- 네 사무실은 어디 있어?

  ▭ ▭ your office?

- 지금 어디 가는 거야?

  ▭ ▭ ▭ going now?

- 그들을 어디서 찾을 수 있죠?

  ▭ ▭ ▭ find them?

- 어디 살아?

  ▭ ▭ ▭ live?

- 어디서 공부했어요?

  ▭ ▭ ▭ study?

정답: Where is | Where are you | Where can I | Where do you | Where did you

Where is[are]...?

~은 어디에 있어요?

찾고 싶은 사람이나 장소가 어디에 있는지 몰라 좀 당황스러울 때가 있죠? 이런 상황에서 「Where is[are]+명사(구)?」 패턴을 사용할 수 있습니다. '~은 어디에 있어요?'의 뜻이죠. 의문사 where는 '어디'라는 뜻으로 장소를 가리킵니다.

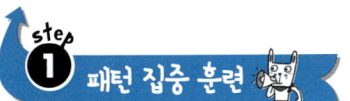

톰은 어디 있어?	**Where is Tom?**
네 차는 어디 있어?	**Where is your car?**
네 사무실은 어디 있어?	**Where is your office?**
화장실은 어디에 있죠?	**Where is the restroom?**
그들은 어디에 있어요?	**Where are they?**

A 네 사무실은 어디 있어?
B **In downtown Tokyo.**

A **Where is your office?**
B 도쿄 중심지에 있어.

*Where is your office?(네 사무실은 어디 있어?)를 좀 더 정중하게 말할 때는 조동사 can을 사용해서 Where can I find your office?라고 표현하면 돼요. '당신 사무실을 어디서 찾을 수 있죠?'라는 뜻이에요.

 car 차 office 사무실 restroom 화장실 in downtown 중심지에, 시내에 Tokyo 도쿄

Where are you -ing?

어디서 ~할 거예요?, 어디서 ~하는 거예요?

상대방에게 가까운 미래의 계획을 물어볼 때 Where are you -ing? 패턴을 사용합니다. 뜻은 '어디서 ~할 거예요?'입니다. 상황에 따라서는 '어디서 ~하는 거예요?'라는 의미로, 현재 진행 중임을 나타낼 수도 있습니다.

어디서 점심 먹을 거죠?	**Where are you having lunch?**
오늘 밤 어디서 머무를 거죠?	**Where are you staying tonight?**
내일 어디로 떠날 건데?	**Where are you leaving for tomorrow?**
지금 어디 가는 거야?	**Where are you going now?**
어딜 보는 거야?	**Where are you looking?**

A 지금 어디 가는 거야?
B I'm going to New York.

A **Where are you going now?**
B 뉴욕에 가는 중이야.

have lunch 점심 먹다   stay 머무르다   tonight 오늘 밤   leave for ~로 떠나다   tomorrow 내일
go 가다   now 지금   look 보다, 쳐다보다   New York 뉴욕

pattern 163

Where can I...?

어디서 ~할 수 있죠?

여행을 하다 보면 현지인에게 장소나 위치를 물어볼 상황이 생기죠? 이럴 때 유용하게 사용할 수 있는 패턴이 「Where can I+동사?」입니다. '어디서 ~할 수 있죠?'의 뜻으로, 장소나 위치를 묻는 거죠.

어디서 택시를 잡을 수 있죠?	**Where can I get a taxi?**
이 의자 어디에 두면 될까요?	**Where can I put this chair?**
어디에 제 차를 주차할 수 있나요?	**Where can I park my car?**
그들을 어디서 찾을 수 있죠?	**Where can I find them?**
버스를 어디서 탈 수 있죠?	**Where can I catch the bus?**

A 버스를 어디서 탈 수 있죠?
B There is a stop at the corner.

A **Where can I catch the bus?**
B 모퉁이에 버스 정류장이 있어요.

> **TiP**
> * There is a stop at the corner. 에서 stop은 여기서 bus stop(버스 정류장)을 말하는 거죠. '택시 승강장'은 taxi stand라고 한다는 것도 함께 익혀 두세요.

 get a taxi 택시를 타다 put 놓다, 두다 chair 의자 park one's car 차를 주차하다 find 찾다
catch the bus 버스를 타다 at the corner 모퉁이에

Where do you...?

어디서 ~해요?

어떤 행위를 하는 장소가 어디인지를 상대방에게 물어볼 때 「Where do you+동사?」 패턴을 쓸 수 있습니다. '어디서 ~해요?'의 뜻이죠.

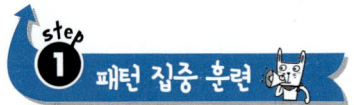

어디서 일해?	**Where do you work?**
어디 살아?	**Where do you live?**
어디서 운동해요?	**Where do you exercise?**
어디서 그를 만나?	**Where do you meet him?**
어디 갈래요?	**Where do you want to go?**

A 어디 살아?
B I live in New York.

A **Where do you live?**
B 난 뉴욕에 살아.

* '난 ~에 살아'라고 말할 때 I live in 다음에 장소만 말하면 돼요. 예를 들어 '난 서울에 살아.'는 I live in Seoul., '난 시카고에 살아.'는 I live in Chicago.처럼 표현하면 되죠. 전치사 in은 넓은 장소나 시간 또는 공간의 내부를 말할 때 사용해요.

 work 일하다 live 살다 exercise 운동하다 meet 만나다 want to ~하고 싶다 go 가다
New York 뉴욕

Where did you...?

어디서 ~했어요?

상대방에게 과거에 뭔가를 어디서 했는지 묻고 싶을 때 사용하는 패턴이 「Where did you+동사?」예요. 뜻은 '어디서 ~했어요?'입니다. 조동사 did로 과거 시제를 표현하며 Where did you 뒤에 이어지는 동사는 원형을 씁니다.

어디서 공부했어요?	**Where did you study?**
그거 어디에서 구했어?	**Where did you get that?**
이거 어디서 샀어?	**Where did you buy this?**
어제 어디 갔었어?	**Where did you go yesterday?**
코트를 어디에 뒀어?	**Where did you leave your coat?**

A 어제 어디 갔었어?
B I just stayed at home.

A **Where did you go yesterday?**
B 그냥 집에 있었어.

> **TiP**
> * 동사 stay는 '머무르다'라는 뜻이에요. 이 동사를 가지고 '저녁 먹고 가다'라는 말을 만들 수가 있는데, stay for dinner.라고 하면 됩니다. '저녁 먹기 위해 머무르다'지만 의역하면 '저녁 먹고 가다'라는 뜻이에요.

 study 공부하다 get 구하다, 얻다, 이해하다 buy 사다 go 가다 yesterday 어제
leave one's coat 코트를 두다 just 그냥, 단지 stay 머무르다 at home 집에

Day 34 When (1)

 다음 말을 영어로 할 수 있나요?

- 그게 언제니?

  ▢ ▢ it?

- 네 생일 언제니?

  ▢ ▢ ▢ birthday?

- 너 언제 여행할 건데?

  ▢ ▢ ▢ traveling?

- 너 언제 이사 갈 거야?

  ▢ ▢ ▢ ▢ ▢ move?

- 언제 널 볼 수 있는 거야?

  ▢ ▢ ▢ see you?

정답: When is | When is your | When are you | When are you going to | When can I

When is...?

~은 언제죠?

시간을 물어볼 때는 의문사 when을 사용합니다. 「When is+명사(구)?」는 '~은 언제죠?'라는 뜻이죠. what time이 '몇 시'라는 구체적인 시간에 대한 표현인 반면, 의문사 when은 '언제'처럼 넓은 시간대를 말합니다.

Step 1 패턴 집중 훈련

그게 언제니?	**When is it?**
그날은 언제니?	**When is the day?**
다음 기차는 언제죠?	**When is the next train?**
그의 파티가 언제야?	**When is his party?**
우리 다음 모임은 언제죠?	**When is our next meeting?**

Step 2 리얼 회화 연습

A 우리 다음 모임은 언제죠?
B I have no idea.

A When is our next meeting?
B 모르겠어요.

---

day 날, 날짜   next 다음   train 기차   party 파티   meeting 모임

When is your...?

당신의 ~은 언제죠?

대화 도중에 불현듯 상대방과 관련된 일이 언제인지를 묻고 싶을 때가 있죠? 이럴 때 사용하는 패턴이 「When is your+명사(구)?」입니다. '당신의 ~은 언제죠?'라는 뜻이죠.

수업이 언제야?	**When is your class?**
네 생일 언제니?	**When is your birthday?**
휴가는 언제예요?	**When is your vacation?**
결혼식 언제야?	**When is your wedding?**
모임은 언제예요?	**When is your meeting?**

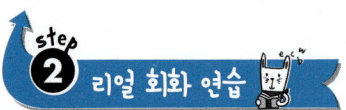

A 네 생일 언제니?
B **My birthday is on September 4th.**

A **When is your birthday?**
B 내 생일은 9월 4일이야.

* 일 년 12달을 살펴볼게요.

January(1월)   February(2월)
March(3월)   April(4월)
May(5월)   June(6월)
July(7월)   August(8월)
September(9월) October(10월)
November(11월) December(12월)

날짜를 말할 때 날짜 앞에 전치사 on을 쓰고 월(月)을 말할 때는 월(月) 앞에 전치사 in을 쓴다는 것도 기억해 두세요.

 class 수업, 강의   birthday 생일   vacation 휴가   wedding 결혼식   meeting 모임, 회의
September 9월

When are you -ing?

언제 ~할 거예요?

무언가를 하는 시점이 언제인지를 물어볼 때 When are you -ing? 패턴을 사용할 수 있어요. 「be 동사+-ing」는 상황에 따라 '진행'의 의미는 물론 '가까운 미래'를 나타내기도 하죠. 「When are you going to+동사?」로 바꿔 표현할 수 있습니다.

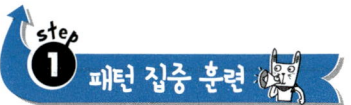

너 언제 여행할 건데?	**When are you traveling?**
언제 전화할 거야?	**When are you calling?**
언제 그거 할 거야?	**When are you doing that?**
거긴 언제 갈 거야?	**When are you going there?**
파티를 언제 할 거예요?	**When are you having a party?**

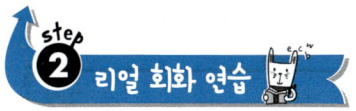

A 거긴 언제 갈 거야?
B I'm going there tomorrow.

A **When are you going there?**
B 내일 거기 갈 거야.

* 움직임을 나타내는 동사로 come(오다), go(가다), leave(떠나다), arrive(도착하다), start(출발하다) 등이 있어요. 이런 동사들은 현재진행(be+-ing)의 구조로 미래를 나타내는 부사(구)와 함께 써서 확실하게 계획된 일을 언급할 때 사용해요.

travel 여행하다 call 전화하다 do 하다 that 그것 go there 그곳에 가다
have a party 파티를 열다 tomorrow 내일

When are you going to...?

언제 ~할 거예요?

계획하고 있는 일의 시점이 언제인지를 상대방에게 물어볼 때 「When are you going to+동사?」 패턴으로 표현합니다. '언제 ~할 거예요?'의 뜻이죠. 「be going to+동사」는 '~할 것이다'라는 뜻으로, 미래에 할 일을 미리 계획해 두었을 때 사용합니다.

step 1 패턴 집중 훈련

너 언제 이사 갈 거야?	**When are you going to move?**
이걸 언제 할 거야?	**When are you going to do this?**
괌은 언제 방문할 거예요?	**When are you going to visit Guam?**
언제 여길 떠날 거야?	**When are you going to leave here?**
언제 돌아올 건데?	**When are you going to come back?**

step 2 리얼 회화 연습

A 괌은 언제 방문할 거예요?
B **Next Saturday.**

A **When are you going to visit Guam?**
B 다음 주 토요일에요.

TIP
* '일주일' 표현을 복습해 보세요.
Monday(월요일)
Tuesday(화요일)
Wednesday(수요일)
Thursday(목요일)
Friday(금요일)
Saturday(토요일)
Sunday(일요일)

 move 이사하다　do 하다　this 이것　visit 방문하다　Guam 괌　leave 떠나다　here 이곳, 여기에　come back 돌아오다　next Saturday 다음 주 토요일

pattern 170 | When can I...?

언제 ~할 수 있어요?

자신이 무언가를 할 수 있는 시점이 언제인지를 알고 싶을 때 「When can I+동사?」 패턴을 쓸 수 있어요. '언제 ~할 수 있죠?'라는 뜻이죠. what time은 '몇 시'처럼 좀 더 구체적인 시간을 언급할 때 사용하지만, 의문사 when은 구체적인 시간이 아닌 막연하거나 큰 시간을 뜻합니다.

step 1 패턴 집중 훈련

언제 널 볼 수 있는 거야?	**When can I see you?**
언제 알렉스에게 전화할 수 있죠?	**When can I call Alex?**
언제 캠핑 갈 수 있는 거야?	**When can I go camping?**
언제 휴가를 갈 수 있죠?	**When can I take a vacation?**
네 프린터를 언제 사용할 수 있어?	**When can I use your printer?**

step 2 리얼 회화 연습
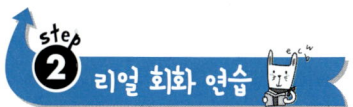

A 언제 널 다시 볼 수 있는 거야?
B How about Sunday?

A **When can I see you again?**
B 일요일은 어때?

TIP
* 동사 see와 관련된 표현들을 살펴볼게요.
See you later. (나중에 봐.)
See you again. (또 봐.)
See you then. (그럼 그날 만나.)
See you soon. (곧 또 보자.)
See you. (잘 있어.)
See you around. (또 만나자.)

 see 보다 **call** 전화하다 **go camping** 캠핑 가다 **take a vacation** 휴가를 가다 **use** 사용하다
printer 프린터 **again** 다시, 또 **Sunday** 일요일

Day 35 When (2)

 다음 말을 영어로 할 수 있나요?

- 언제 일해?

　　　　　　　　　　work?

- 너 언제 왔어?

　　　　　　　　　　come?

- 언제 떠날 계획인데?

　　　　　　　　　　　　　　leave?

- 언제 결정할 수 있어?

　　　　　　　　　　decide?

- 나 언제 가야 해?

　　　　　　　　　　go?

정답: When do you _ | When did you _ | When do you plan to _ | When can you _ | When should I _

When do you...?

언제 ~해요?

When do you...?는 Do you...?와 의문사 when이 합쳐진 형태입니다. 상대방에게 평소에 습관적으로나 규칙적으로 뭔가를 하는 시간대를 물어볼 때 사용하죠. 뜻은 '언제 ~해요?'예요.

언제 일해?	**When do you work?**
언제 운동해?	**When do you exercise?**
언제 일어나?	**When do you get up?**
아침 식사 언제 해?	**When do you eat breakfast?**
출근은 언제 해?	**When do you go to work?**

A 보통 아침 식사 언제 해?
B Actually, I don't eat breakfast.

A **When do you usually eat breakfast?**
B 실은, 나 아침 식사 안 해.

* 부사 actually는 '실은', '사실은'의 뜻이에요. 문장 맨 앞에 나와 문장 전체를 수식해 주는 역할을 하기도 하죠. 보통 가벼운 놀람이나 변명을 얘기할 때 사용해요.

 work 일하다 exercise 운동하다 get up 일어나다 eat breakfast 아침 식사를 먹다
go to work 출근하다 actually 사실은

When did you...?

언제 ~했어요?

상대방이 과거에 한 행동의 시점을 물어볼 때 When did you...? 패턴을 쓸 수 있어요. 의문사 when과 의문문 Did you...?가 합쳐진 형태죠. 뜻은 '언제 ~했어요?'입니다.

너 언제 왔어? **When did you come?**

언제 토니한테 전화했어? **When did you call Tony?**

그 애와 언제 연락했어? **When did you contact him?**

그건 언제 들었어? **When did you hear that?**

담배는 언제 끊었어요? **When did you stop smoking?**

A 언제 토니한테 전화했어?
B I called him last night.

A **When did you call Tony?**
B 지난밤에 그에게 전화했어.

 come 오다 call 전화하다 contact 연락하다 hear 듣다 that 그것 stop smoking 담배를 끊다 last night 지난밤에

pattern 173

When do you plan to…?

언제 ~할 계획이에요?

'언제 ~할 계획이에요?'라고 미래의 계획에 대해 물어볼 때 「When do you plan to+동사?」 패턴으로 표현할 수 있습니다. 「plan to+동사」는 '~할 계획이다'라는 의미입니다.

step 1 패턴 집중 훈련

언제 떠날 계획인데?	**When do you plan to leave?**
언제 이사 갈 계획이야?	**When do you plan to move?**
그를 언제 만날 계획이죠?	**When do you plan to meet him?**
언제 결혼할 계획이니?	**When do you plan to get married?**
언제 영화 볼 계획이니?	**When do you plan to see a movie?**

step 2 리얼 회화 연습

A 언제 이사 갈 계획이야?
B At the end of this month.

A When do you plan to move?
B 이달 말쯤에.

TiP
* at the end of는 '~의 끝 무렵에'라는 뜻이에요. at the end of this month는 '이달 말쯤에'라는 뜻이 되겠죠. 이와 반대로 '~ 초반에'는 at the beginning of라고 합니다.

ABC leave 떠나다 move 움직이다, 이사하다 meet 만나다 get married 결혼하다
see a movie 영화를 보다 at the end of this month 이달 말쯤에

When can you...?

언제 ~할 수 있어요?

상대방이 뭔가를 언제 할 수 있는지 그 가능성을 물어볼 때 「When can you+동사?」 패턴을 사용합니다. '언제 ~할 수 있어요?'라는 뜻으로, 넓은 시간대를 의미합니다. 조동사 can은 '할 수 있다'는 '가능성'을 나타냅니다.

언제 결정할 수 있어?	**When can you decide?**
언제 나한테 전화할 수 있어?	**When can you call me?**
언제 여기에 올 수 있어?	**When can you be here?**
언제 그걸 끝낼 수 있어?	**When can you finish it?**
언제 일을 시작할 수 있어요?	**When can you start working?**

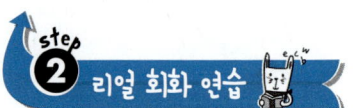

A 언제 여기에 올 수 있어?
B In two hours.

A **When can you be here?**
B 두 시간 후에요.

*전치사 in은 장소 또는 시간을 나타내는 명사 앞에 나와요. 장소일 때는 '~ 안에', '~에'라는 뜻으로, 시간일 때는 종종 '~ 후에'라는 뜻으로 사용되죠. 그러므로 In two hours.는 '두 시간 후에요.'라는 의미예요.

decide 결정하다   call 전화하다   here 이곳에, 여기에   finish 끝내다, 마치다   start 시작하다
work 일하다   hour 시간

When should I...?

언제 ~해야 하죠?

자신이 뭔가를 언제 해야만 하는지 알고 싶어 상대방에게 물어볼 때 「When should I+동사?」 패턴을 쓸 수 있습니다. '언제 ~해야 하죠?'라는 뜻이죠. 조동사 should는 '~해야 한다'라는 뜻인데, 때로는 '강한 권유'나 '충고'의 뉘앙스로도 사용합니다.

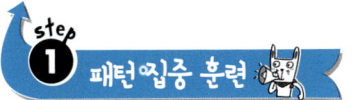

나 언제 가야 해? **When should I go?**

나 언제 그걸 해야 해? **When should I do it?**

언제 그걸 제출해야 해요? **When should I submit it?**

언제 너에게 전화해야 해? **When should I call you?**

언제 다시 전화해야 하죠? **When should I call back?**

A 언제 너에게 전화해야 해?
B You should call me tonight.

A **When should I call you?**
B 오늘 밤에 전화해.

 go 가다　do 하다　submit 제출하다　call 전화하다　call back 다시 전화하다　when 언제　tonight 오늘 밤

Day 36 Why

 다음 말을 영어로 할 수 있나요?

- 왜 공부해?

  　　　　　　　　　　　 study?

- 왜 거짓말했어?

  　　　　　　　　　　　 lie?

- 왜 안 잤어?

  　　　　　　　　　　　 sleep?

- 왜 미안한데?

  　　　　　　　　　　　 sorry?

- 왜 웃고 있는 거야?

  　　　　　　　　　　　 laughing?

정답_ Why do you | Why did you | Why didn't you | Why are you | Why are you

Why do you...?

왜 ~해요?

상대방이 왜 그런 일을 하는지 물어볼 때 의문사 why를 활용해서 「Why do you+동사?」라고 말할 수 있습니다. 뜻은 '왜 ~해요?'예요. 행동이나 말 이면에 숨겨 있는 이유를 묻는 말입니다.

왜 공부해?	**Why do you study?**
왜 그녀를 좋아해?	**Why do you like her?**
왜 그런 말을 해?	**Why do you say that?**
영어는 왜 배우는 거야?	**Why do you learn English?**
시간이 왜 더 필요한 거야?	**Why do you need more time?**

A 왜 그녀를 좋아해?
B She's so kind to me.

A **Why do you like her?**
B 내게 굉장히 친절하거든.

 study 공부하다   like 좋아하다   say that 그렇게 말하다   learn 배우다   English 영어
need 필요하다   more 더, 좀 더   time 시간   so 매우   kind 친절한, 상냥한   to ~에게

Day 36_239

Why did you...?

왜 ~했어요?

상대방이 과거에 한 말이나 행동 이면에 숨겨져 있는 이유가 뭔지 물을 때 사용하는 패턴이 「Why did you+동사?」예요. '왜 ~했어요?'의 의미죠. 의문사 why로 말할 때는 말투가 정말 중요합니다. 잘못 말하면 상대방의 기분을 상하게 할 수 있기 때문에 주의해서 말해야 하죠.

step 1 패턴 집중 훈련

왜 거짓말했어?	**Why did you lie?**
왜 나한테 전화했어?	**Why did you call me?**
넌 여기 왜 왔어?	**Why did you come here?**
왜 그렇게 생각했어요?	**Why did you think so?**
왜 이 사무실을 선택했어?	**Why did you choose this office?**

step 2 리얼 회화 연습

A 왜 이 사무실을 선택했어?
B **It's near my house.**

A **Why did you choose this office?**
B 집 근처라서 그래.

* 동사 choose는 '선택하다', '고르다', '선출하다'처럼 다양한 뜻을 가져요. 명사형은 choice예요. '선택', '고르기', '선택권'이라는 의미랍니다.

lie 거짓말하다　call 전화하다　come 오다　here 이곳에, 여기에　think 생각하다　so 그렇게　choose 선택하다　this 이, 이곳　office 사무실　near ~에서 가까이　house 집

Why didn't you...?

왜 ~ 안 했어요?

상대방이 과거에 해야 할 일을 하지 않았을 때 그 이유가 뭔지 물어보기 위해 Why didn't you...? 라고 할 수 있습니다. 즉, 어떤 이유로 안 했는지 따질 때 이 패턴을 쓸 수 있죠. '왜 ~ 안 했어요?'의 뜻입니다.

왜 안 잤어?	**Why didn't you sleep?**
왜 그거 안 했어?	**Why didn't you do that?**
왜 날 안 도와줬어?	**Why didn't you help me?**
왜 날 안 기다렸어?	**Why didn't you wait for me?**
왜 오늘 운동 안 했어?	**Why didn't you exercise today?**

A 왜 그거 안 했어?
B Sorry, I forgot.

A **Why didn't you do that?**
B 미안, 깜빡했어.

TIP
*과거에 해야만 했던 일을 못 하게 되었을 때, Sorry, I forgot.(미안, 깜빡했어.)처럼 핑계를 대면서 상대방의 양해를 구할 때가 있어요.

sleep 자다 **do** 하다 **that** 그것 **help** 돕다 **wait for** ~을 기다리다 **exercise** 운동하다
today 오늘 **sorry** 미안해요 **forget** 잊다, 깜빡하다

Why are you...?

왜 ~해요?

상대방이 평소와는 사뭇 다른 모습을 보일 때 무슨 이유로 그러는지 묻게 되죠. 바로 이때 「Why are you+형용사?」 패턴을 사용할 수 있습니다. '왜 ~해요?'의 뜻이죠. 여기서 형용사가 보어 역할을 해서 주어의 상태나 기분을 설명해 주는 겁니다.

왜 미안한데? — **Why are you sorry?**

넌 왜 화난 거야? — **Why are you angry?**

왜 피곤한 거야? — **Why are you tired?**

왜 그렇게 슬퍼? — **Why are you so sad?**

너 왜 그렇게 우울한 거야? — **Why are you so depressed?**

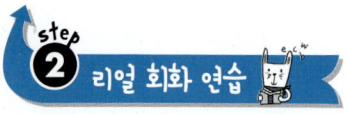

A 오늘 왜 그렇게 피곤한 거야?
B I got up too early.

A **Why are you so tired today?**
B 너무 일찍 일어나서 그래.

* get up은 '일어나다'라는 뜻이에요. 뒤에 too early(너무 일찍)를 붙여 I got up too early.라고 하면 '너무 일찍 일어났어.'라는 뜻이 돼요. 반대로 '너무 늦게 일어났어.'는 I got up too late.라고 하면 됩니다.

 sorry 미안한, 유감스러운 angry 화가 난 tired 피곤한 so 매우, 무척 sad 슬픈
depressed 우울한, 의기소침한 today 오늘 get up 일어나다 too early 너무 일찍

Why are you -ing?

왜 ~하고 있는 거예요?

상대방이 현재 하고 있는 행동이나 말의 이유가 뭔지 물어볼 때 Why are you -ing?라고 합니다. '왜 ~하고 있는 거예요?'의 뜻이죠. 「be동사+현재분사」는 두 가지의 역할을 합니다. 하나는 '현재진행'으로, 또 다른 하나는 '가까운 미래'로 사용되죠. 여기서는 '현재진행'의 의미예요.

왜 웃고 있는 거야?	**Why are you laughing?**
왜 거짓말하고 있어?	**Why are you lying?**
운동은 왜 하고 있어?	**Why are you exercising?**
여기서 왜 울고 있는 거야?	**Why are you crying here?**
왜 여기서 일하고 있어?	**Why are you working here?**

A 운동은 왜 하고 있어?
B I want to lose weight.

A **Why are you exercising?**
B 살 빼고 싶어.

* lose weight는 '살 빼다'의 뜻이에요. 반대로 '살찌다'는 gain weight 라고 말해요. 또한 '다이어트를 하다'는 go on a diet라는 것도 많이 쓰는 표현이니 같이 알아두세요.

 laugh 웃다, 흥겨워하다 lie 거짓말하다 exercise 운동하다 cry 울다 here 여기서 work 일하다
want to ~하고 싶다 lose weight 살을 빼다

Day 37 What (1)

 다음 말을 영어로 할 수 있나요?

- 그게 뭐야?

　　　　　　　　that?

- 당신 계획이 뭐예요?

　　　　　　　　plan?

- 네가 제일 좋아하는 색깔이 뭐야?

　　　　　　　　　　color?

- 뭐 하고 있어?

　　　　　　　　　　doing?

- 뭐 요리할 거야?

　　　　　　　　　　　　　　　　　
cook?

정답_What, What is | What's your | What's your favorite | What are you | What are you going to

pattern 181

What is…?

~이 뭐예요?

의문사 what만 잘 활용해도 이름, 직업, 기호, 할 일 등 다양한 질문들을 마음껏 물어볼 수 있어요. What is…?는 '~이 뭐예요?'라는 뜻으로, be동사 is 다음에는 '명사(구)'나 '대명사' 등이 옵니다. 궁금한 것을 be동사 다음에 넣어서 표현하면 되겠죠. What is…?를 줄여서 회화에서는 What's…? 라고도 합니다.

step 1 패턴 집중 훈련

요점이 뭐죠? **What is the point?**

그녀의 전화번호가 뭐예요? **What is her number?**

뭐가 문제야? **What is the matter?**

그 애 이름이 뭐야? **What is his name?**

그게 뭐야? **What is that?**

step 2 리얼 회화 연습

A 그 애 이름이 뭐야?
B His name is Tony Park.
A **What is his name?**
B 그 애 이름은 토니 박이야.

TIP
* 상대방의 이름을 물어볼 때 What is your name?(이름이 뭐야?)이라고 하죠? '그의[그녀의] 이름이 뭐야?'처럼 타인의 이름이 궁금할 때는 What is his[her] name?이라고 표현하면 돼요.

 point 요점 number 번호, 전화번호 matter 문제, 사건 name 이름 that 그것

pattern 182 What's your…?

당신의 ~이 뭐예요?

상대방과 관련된 뭔가를 물어볼 때 What's your...? 패턴을 유용하게 사용할 수 있어요. 소유격 your 다음에 명사(구)를 넣어서 표현하면 '당신의 ~이 뭐예요?'라는 뜻이 됩니다.

 패턴 집중 훈련

취미가 뭐야?	**What's your hobby?**
당신 계획이 뭐예요?	**What's your plan?**
주소가 어떻게 돼?	**What's your address?**
성이 뭐야?	**What's your last name?**
네 전화번호가 어떻게 돼?	**What's your phone number?**

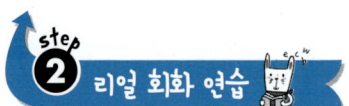 리얼 회화 연습

A 취미가 뭐야?
B **My hobby is listening to music.**

A **What's your hobby?**
B 내 취미는 음악 듣는 거야.

 TIP
* 동사 listen과 관련된 표현들을 살펴볼게요.
listen to music(음악을 듣다)
Are you listening to me?
(내 말 듣고 있는 거야?)
I'm listening.(듣고 있어.)
You never listen to me.
(넌 절대로 내 말 안 듣잖아.)

 hobby 취미 plan 계획 address 주소 last name 성 phone number 전화번호
listen to music 음악을 듣다

What's your favorite...?

가장 좋아하는 ~이 뭐예요?

What's your favorite...?는 '가장 좋아하는 ~이 뭐예요?'라는 뜻입니다. 형용사 favorite는 '아주 좋아하는', '마음에 드는'의 뜻으로, 뒤에 오는 명사(구)를 수식해 줍니다.

step 1 패턴 집중 훈련

가장 좋아하는 음식이 뭐예요?	**What's your favorite food?**
가장 좋아하는 노래가 뭐예요?	**What's your favorite song?**
제일 좋아하는 과목은 뭐야?	**What's your favorite subject?**
네가 제일 좋아하는 색깔이 뭐야?	**What's your favorite color?**
제일 좋아하는 책은 뭐예요?	**What's your favorite book?**

step 2 리얼 회화 연습

A 제일 좋아하는 과목은 뭐야?
B **My favorite subject is English.**

A **What's your favorite subject?**
B 제일 좋아하는 과목은 영어야.

TiP
* '제일 좋아하는 과목은 영어야.'라고 말할 때 My favorite subject is English. 또는 English is my favorite subject.라고 말할 수 있어요. English(영어) 대신에 math(수학), science(과학), Japanese(일본어)처럼 과목만 바꾸면 쉽게 자신이 좋아하는 과목을 말할 수 있겠죠.

 favorite 좋아하는　food 음식　song 노래　subject 주제, 과목　color 색깔　book 책
English 영어

What are you -ing?

무엇을 ~하고 있어요?

상대방에게 지금 하고 있는 것이 무엇인지를 물어볼 때 What are you -ing? 패턴을 사용할 수 있습니다. 현재진행형 be -ing와 의문사 what을 함께 사용해서 '무엇을 ~하고 있어요?'의 뜻이 되는 거죠.

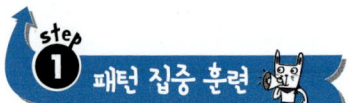

뭘 마시고 있는 거야?	**What are you drinking?**
뭐 하고 있어?	**What are you doing?**
뭘 배우고 있는 거야?	**What are you learning?**
뭐 읽고 있어?	**What are you reading?**
뭘 찾고 있어?	**What are you looking for?**

A 지금 뭘 찾고 있어?
B I'm looking for my bag.

A **What are you looking for now?**
B 내 가방 찾고 있는 거야.

* look for는 '~을 찾다'라는 뜻이에요. I'm looking for…라고 하면 '~을 찾고 있어'라는 뜻이 되겠죠. 뒤에는 명사(구)나 대명사 형태의 지금 찾고 있는 대상을 쓰면 돼요.
I'm looking for him. (그를 찾고 있어.)
I'm looking for my hat.
(내 모자를 찾고 있어.)

 drink 마시다 do 하다 learn 배우다 read 읽다 look for ~을 찾다 now 지금 bag 가방

What are you going to...?

무엇을 ~할 건가요?

미래에 할 일이 뭔지 궁금할 때 「What are you going to+동사?」 패턴으로 물어볼 수 있습니다. '무엇을 ~할 건가요?'의 뜻이죠. 「be going to+동사」는 '~할 것이다'의 의미로, 미래에 할 일을 과거에 이미 계획해 두었을 때 쓸 수 있습니다.

뭐 할 거야?	**What are you going to do?**
뭐 요리할 거야?	**What are you going to cook?**
뭐 살 거예요?	**What are you going to buy?**
뭐 마실 거야?	**What are you going to drink?**
뭘 배울 거예요?	**What are you going to learn?**

A 뭐 요리할 거야?
B I'm still thinking about it.

A **What are you going to cook?**
B 아직 생각 중이야.

* think about은 '~에 대해 심사숙고하다'라는 뜻이에요. 시간을 두고 곰곰이 생각하는 것을 말하죠. 하지만 전치사를 바꿔서 think of라고 하면 그냥 머릿속에서 떠오르는 대로 생각하는 것을 뜻해요.

 do 하다 cook 요리하다 buy 사다 drink 마시다 learn 배우다 still 아직, 여전히
think about 심사숙고하다

Day 38 What (2)

다음 말을 영어로 할 수 있나요?

- 뭘 좋아해?

  ☐ ☐ ☐ like?

- 뭘 샀어?

  ☐ ☐ ☐ buy?

- 그거 어떻게 생각해요?

  ☐ ☐ ☐ ☐ ☐ that?

- 내가 뭘 해야 해?

  ☐ ☐ ☐ do?

- 넌 어때?

  ☐ ☐ you?

정답: What do you | What did you | What do you think of | What should | What about

What do you...?

무엇을 ~해요?

「What do you+동사?」는 '무엇을 ~해요?'라는 뜻이에요. 현재 무엇을 하는지를 묻기보다는 일반적으로 어떤지를 물어보는 것이죠.

뭘 좋아해?	**What do you like?**
무슨 뜻이야?	**What do you mean?**
원하는 게 뭐야?	**What do you want?**
뭐가 필요해요?	**What do you need?**
어떻게 생각해?	**What do you think?**

A 뭘 좋아해?
B I like movies.

A **What do you like?**
B 난 영화가 좋아.

> **TIP**
> * 영화와 관련된 표현들을 살펴볼게요.
> see[watch] a movie
> (영화를 보다)
> go to the movies
> (극장에 가다, 영화 구경 가다)
> box office (매표소)
> be sold out (매진되다)

 like 좋아하다　mean 의미하다　want 원하다　need 필요하다　think 생각하다　movie 영화

What did you...?

무엇을 ~했어요?

상대방이 과거에 한 일이 뭔지 궁금할 때 「What did you+동사?」 패턴을 사용해요. 뜻은 '무엇을 ~했어요?'입니다.

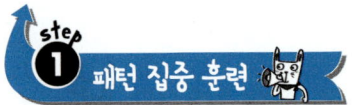

뭐 주문했어?	**What did you order?**
뭐 먹었어?	**What did you eat?**
뭘 샀어?	**What did you buy?**
뭐 했어?	**What did you do?**
뭘 본 거야?	**What did you see?**

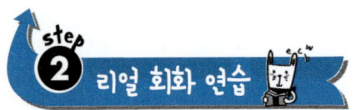

A 뭐 주문했어?
B I just ordered some sandwiches.

A **What did you order?**
B 방금 샌드위치 주문했어.

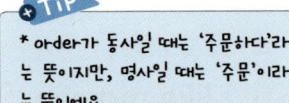

* order가 동사일 때는 '주문하다'라는 뜻이지만, 명사일 때는 '주문'이라는 뜻이에요.

 order 주문하다   eat 먹다   buy 사다   do 하다   see 보다   just 방금   some 조금, 약간
sandwich 샌드위치

What do you think of...?

~은 어때요?, ~을 어떻게 생각해요?

상대방의 생각이나 의견이 궁금할 때 「What do you think of+명사(구)/동명사?」 패턴을 사용해 물어볼 수 있습니다. think of는 '~을 생각하다'의 뜻으로, 사물이나 사람에 대해 머릿속에서 그냥 떠오르는 대로 생각하는 것을 말하죠. 따라서 '~은 어때요?', '~을 어떻게 생각해요?'처럼 가벼운 의미가 됩니다.

그거 어떻게 생각해요?	**What do you think of that?**
그 사람 어때?	**What do you think of him?**
이 수업 어때?	**What do you think of this class?**
그녀 아이디어 어떤 것 같아요?	**What do you think of her idea?**
혼자 사는 거 어떻게 생각해?	**What do you think of living alone?**

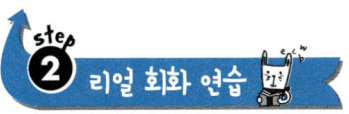

A 이 수업 어때?
B It's a little hard.

A **What do you think of this class?**
B 좀 어려워.

 TIP

*What do you think of…?를 How do you feel about…?이라고 해도 돼요. What do you think of this class?를 바꿔 보면 How do you feel about this class?가 되겠죠.

 class 수업 **idea** 의견, 생각 **live alone** 혼자 살다 **a little** 조금 **hard** 힘든, 어려운

Day 38_253

pattern 189
What should I...?

뭘 ~해야 하죠?

무엇을 해야 할지 몰라서 누군가에게 조언을 구할 때 「What should I+동사?」패턴을 유용하게 사용할 수 있어요. '뭘 ~해야 하죠?'의 뜻입니다.

step 1 패턴 집중 훈련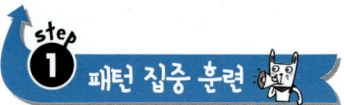

내가 뭘 해야 해?	**What should I do?**
뭘 먹어야 하지?	**What should I eat?**
뭘 입어야 해?	**What should I wear?**
다음에 뭘 읽어야 하지?	**What should I read next?**
내가 지금 뭘 사야 해?	**What should I buy now?**

step 2 리얼 회화 연습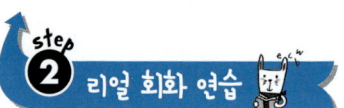

A 내가 뭘 해야 해?
B You should finish this first.

A What should I do?
B 이것부터 먼저 끝내.

 Tip
* 어려운 상황에 빠져 무엇을 먼저 해야 할지 몰라 당황스러울 때 What should I do?(내가 뭘 해야 해?)라고 말하면서 상대방으로부터 조언이나 도움을 구할 수 있겠죠. 비슷한 표현으로 I don't know what to do.(뭘 해야 할지 모르겠어.)가 있어요.

 do 하다 eat 먹다 wear 입다 read 읽다 next 다음에 buy 사다 now 지금 finish 끝내다 first 먼저, 우선

What about...?

~ 어때요?

상대방에게 뭔가를 제안할 때 「What about+명사(구)/동명사?」 패턴을 쓸 수 있습니다. 의미는 '~ 어때요?'로, 상대방의 생각은 어떤지를 묻는 말이죠. 전치사 about의 목적어로 명사(구)가 나올 때는 그 대상이 사람 또는 사물이 됩니다.

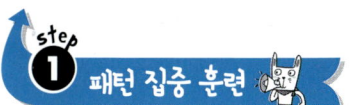

넌 어때?	**What about you?**
오늘 밤은 어때?	**What about tonight?**
외출하는 거 어때?	**What about going out?**
그에게 전화하는 거 어때요?	**What about calling him?**
골프 치는 거 어때요?	**What about playing golf?**

A 외출하는 거 어때?
B That sounds good.

A **What about going out?**
B 좋아.

* go out은 '외출하다'라는 뜻이에요. go(나가다)+out(밖으로)처럼 나눠서 보면 쉽게 이해가 되죠. go out with는 누군가와 함께 외출하는 거니까 '~와 사귀다', '~와 데이트하다'라는 의미가 된답니다.

 tonight 오늘 밤   go out 나가다, 외출하다   call 전화하다   play golf 골프를 치다   sound 들리다   good 좋은, 훌륭한

Day 39 How (1)

다음 말을 영어로 할 수 있나요?

- 그녀는 어떻게 지내?
  ▢ ▢ she?

- 너 여행 어땠어?
  ▢ ▢ ▢ trip?

- 어떻게 계산하시겠어요?
  ▢ ▢ ▢ ▢ ▢ pay?

- 얼마예요?
  ▢ ▢ ▢ it?

- 웬디 어때요?
  ▢ ▢ Wendy?

정답_How is | How was your | How are you going to | How much is | How about

How is...?

~은 어때요?, ~은 어떻게 지내요?

무언가의 '상태'나 사람의 '안부'를 물을 때 「How is+명사(구)/대명사?」 패턴을 쓸 수 있습니다. '~은 어때요?', '~은 어떻게 지내요?'라는 뜻이죠. be동사 다음에는 상대방에게 묻고 싶은 내용을 바꿔 넣으면 됩니다.

step 1 패턴 집중 훈련

그녀는 어떻게 지내?	**How is she?**
날씨는 어때?	**How is the weather?**
어머님은 어떻게 지내셔?	**How is your mother?**
새로 하는 일은 어때?	**How is your new job?**
오늘은 어때?	**How are you today?**

step 2 리얼 회화 연습

A 오늘 날씨는 어때?
B It's a little cloudy.

A How is the weather today?
B 구름이 좀 꼈어.

 weather 날씨 mother 어머니 new 새로운 job 일, 직업 today 오늘 a little 약간, 조금은 cloudy 흐린, 구름이 낀

How was your...?

~은 어땠어요?

과거에 상대방이 한 일에 대해 생각 또는 느낌을 물어볼 때 「How was your+명사(구)?」 패턴을 활용할 수 있습니다. '~은 어땠어요?'의 의미죠.

step 1 패턴 집중 훈련

너 여행 어땠어?	**How was your trip?**
오늘 하루 어땠어요?	**How was your day?**
결혼식 어땠어?	**How was your wedding?**
여름휴가는 어땠어요?	**How was your summer vacation?**
출장 어땠어?	**How was your business trip?**

step 2 리얼 회화 연습

A 너 여행 어땠어?
B It was fun.

A How was your trip?
B 재미있었어.

 trip 여행 day 하루 wedding 결혼식 summer vacation 여름휴가 business trip 출장
fun 재미있는, 즐거운

How are you going to...?

어떻게 ~할 거예요?

의문사 how를 be going to와 함께 사용해서 How are you going to...?라고 하면 '어떻게 ~할 거예요?'라는 뜻이 됩니다. 상대방에게 뭔가를 어떻게 할 것인지 방법을 묻는 것이죠.

어떻게 계산하시겠어요?	**How are you going to pay?**
넌 그곳에 어떻게 갈 거야?	**How are you going to get there?**
집에 어떻게 갈 거야?	**How are you going to get home?**
이걸 어떻게 고칠 거야?	**How are you going to fix this?**
이걸 어떻게 보낼 거죠?	**How are you going to send this?**

A 이거 어떻게 계산하시겠어요?
B I'll pay it with cash.

A **How are you going to pay for this?**
B 현금으로 계산할게요.

* '현금으로 계산할게요.'를 I'll pay it with cash. 또는 I'll pay in cash.라고 해요. pay는 '지불하다', cash는 '현금'이라는 뜻이에요.

pay 지불하다 get there 그곳에 도착하다 get home 귀가하다 fix 고치다 send 보내다
this 이것   with cash 현금으로

How much is...?

~은 얼마예요?

「How much is+명사(구)?」는 '~은 얼마예요?'라는 뜻으로 가격을 묻는 말입니다. 쇼핑할 때나 일상생활에서 유용하게 쓸 수 있는 기본 패턴이죠.

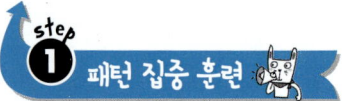

얼마예요?	**How much is** it?
이 모자는 얼마죠?	**How much is** this hat?
이 가방은 얼마예요?	**How much is** this bag?
세금은 얼마예요?	**How much is** the tax?
전부 얼마죠?	**How much is** it all together?

A 전부 얼마죠?
B Let me check it for you.

A How much is it all together?
B 제가 확인해 드릴게요.

* 상점 등에서 물건을 다 사고 나서 가격이 전부 얼마인지 물어볼 때 How much is it all together?라고 하면 돼요. 여기서 all together는 '다 함께, 합해서'의 뜻이랍니다.

 hat 모자 bag 가방 tax 세금 all together 다 함께, 합해서 Let me... 제가 ~할게요 check 확인하다 for ~을 위해

How about...?

~이 어때요?, ~하는 게 어때요?

상대방에게 뭔가를 적극적으로 제안할 때 How about...? 패턴을 유용하게 쓸 수 있어요. 뒤에는 명사(구)나 동명사가 오며, 뜻은 '~이 어때요?', '~하는 게 어때요?'입니다.

웬디 어때요?	How about Wendy?
내일 저녁은 어때?	How about tomorrow evening?
한식 어때요?	How about Korean food?
산책하는 게 어때요?	How about taking a walk?
그곳에 가는 게 어때?	How about going there?

A 한식 어때요?
B That's okay with me.

A How about Korean food?
B 전 괜찮아요.

TIP
*'전 괜찮아요.', '좋아요.'라고 말할 때 That's okay.(괜찮아요.), That's okay with me.(전 괜찮아요.), That's fine.(좋아요.) 또는 간단하게 Good.(좋아요.)이라고 합니다.

 tomorrow evening 내일 저녁 Korean food 한식, 한국 음식 take a walk 산책하다
go there 그곳에 가다 okay 괜찮은 with ~와 함께

Day 40 How (2)

 다음 말을 영어로 할 수 있나요?

- 오늘 기분은 어때?

  ☐ ☐ ☐ feel today?

- 우리 집 어때?

  ☐ ☐ ☐ ☐ my house?

- 얼마나 자주 여행을 해?

  ☐ ☐ ☐ ☐ travel?

- 어떻게 지불해야 해요?

  ☐ ☐ ☐ pay?

- 어떻게 도와드릴까요?

  ☐ ☐ ☐ help you?

정답_How do you | How do you like | How often do you | How should you | How can I

How do you...?

어떻게 ~해요?

상대방에게 뭔가를 어떻게 하는지 물어볼 때 How do you...? 패턴을 사용합니다. '어떻게 ~해요?'의 뜻으로, 뒤에 어떤 동사가 나오는지에 따라 다양한 의미를 갖게 되죠.

어떻게 그를 알아요?	**How do you know him?**
오늘 기분은 어때?	**How do you feel today?**
직장에는 어떻게 가시죠?	**How do you get to work?**
그거 철자가 어떻게 되나요?	**How do you spell that?**
이거 어떻게 사용해요?	**How do you use this?**

A 직장에는 어떻게 가시죠?
B Usually by subway.

A **How do you get to work?**
B 보통 지하철을 타고 가요.

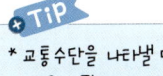

* 교통수단을 나타낼 때는 전치사 by의 도움이 필요해요. 그래서 '버스로'는 by bus, '기차로'는 by train이라고 합니다.

know 알다 feel 느끼다 today 오늘 get to work 직장에 가다, 출근하다 spell 철자를 말하다, 한 자 한 자 읽다 use 사용하다 usually 보통, 일반적으로 by subway 지하철로

How do you like...?

~은 어때요?, ~은 어떻게 해 드릴까요?

뭔가에 대한 상대방의 의견이나 생각이 어떤지를 물어볼 때 How do you like...? 패턴을 사용합니다. like 다음에는 명사(구)나 동명사가 오는데, 음식이나 마실 것 등이 나오면 '~은 어떻게 해 드릴까요?'의 의미가 되기도 하죠.

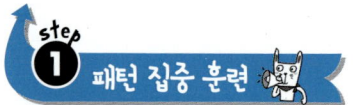

우리 집 어때?	**How do you like my house?**
이 영화 어때?	**How do you like this movie?**
스테이크는 어떻게 해 드릴까요?	**How do you like your steak?**
커피 어떻게 드릴까요?	**How do you like your coffee?**
시드니에서 사는 거 어때요?	**How do you like living in Sydney?**

A 커피 어떻게 드릴까요?
B **I'd like my coffee black.**

A **How do you like your coffee?**
B 블랙커피로 부탁해요.

* I'd like은 I would like의 줄임말이에요. 「I'd like+명사(구)」는 '~하고 싶어요', '~ 할래요'의 뜻이에요. 물론 「to+동사원형」을 써서 「I'd like to+동사원형(~하고 싶어요)」으로 표현하기도 하죠.

house 집   movie 영화   steak 스테이크   coffee 커피   live 살다   in Sydney 시드니에서
black 검은, 블랙의

How often do you...?

얼마나 자주 ~하세요?

상대방이 어떤 행위를 얼마나 자주 하는지 물어볼 때 「How often do you+동사?」 패턴을 사용할 수 있어요. '얼마나 자주 ~하세요?'의 뜻으로, '얼마나 자주'인 how often에는 '빈도', '횟수'의 의미가 내포되어 있습니다.

얼마나 자주 여행을 해?	**How often do you travel?**
커피는 얼마나 자주 마셔?	**How often do you drink coffee?**
얼마나 자주 운동해?	**How often do you work out?**
그곳에 얼마나 자주 가?	**How often do you go there?**
얼마나 자주 그녀에게 전화해?	**How often do you call her?**

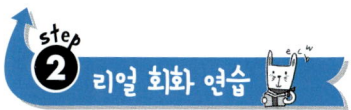

A 얼마나 자주 해외여행을 해?
B **Once or twice a year.**

A **How often do you travel overseas?**
B 일 년에 한두 번.

* travel overseas는 '해외여행 하다'라는 뜻이에요. 동사 travel은 '여행하다'의 뜻이고, overseas는 '해외로'라는 뜻의 부사예요. 예를 들어 go overseas는 '해외로 가다'의 뜻이랍니다.

travel 여행하다 drink 마시다 coffee 커피 work out 운동하다 go there 그곳에 가다
call 전화하다 overseas 해외로 once 한 번 or 또는 twice 두 번

How should I...?

어떻게 ~해야 하죠?

스스로 어떻게 해야 할지 몰라 상대방에게 조언을 구할 때 사용할 수 있는 패턴이에요. 의미는 '어떻게 ~해야 하죠?'입니다.

step 1 패턴 집중 훈련

어떻게 지불해야 해요?	**How should I pay?**
어떻게 부르면 될까요?	**How should I call you?**
그걸 어떻게 보내야 해?	**How should I send it?**
이걸 어떻게 먹지?	**How should I eat this?**
이거 어떻게 처리해야 해?	**How should I handle this?**

step 2 리얼 회화 연습

A 어떻게 지불해야 해요?
B **You can pay in cash only.**

A **How should I pay?**
B 현금만 가능해요.

> **TIP**
> * 호텔 프런트 데스크에서 체크인 할 때 대부분의 해외 호텔에선 보증금 (deposit)을 요구하는데, 이때 How should I pay?라고 물어보면 됩니다. 신용카드도 되고 현금도 되는데, 파손되거나 분실된 물건 등이 없을 경우에는 현금은 나중에 다시 돌려받을 수 있고, 신용카드는 결제 취소가 됩니다.

 pay 지불하다　call 부르다　send 보내다　eat 먹다　this 이것　handle 처리하다
pay in cash 현금으로 계산하다　only 단지, 오직

How can I...?

어떻게 ~할 수 있어요?

뭔가를 어떻게 해야 할지 모를 때 당황스럽죠. 이럴 때 상대방에게 그 방법을 말해 달라고 부탁하려면 「How can I+동사?」 패턴을 사용하면 됩니다. 뜻은 '어떻게 ~할 수 있어요?'입니다.

어떻게 연락할 수 있어?	**How can I reach you?**
거기 어떻게 갈 수 있어?	**How can I get there?**
어떻게 도와드릴까요?	**How can I help you?**
그 애를 어떻게 찾지?	**How can I find him?**
이걸 어떻게 말하죠?	**How can I say this?**

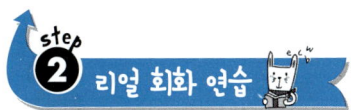

A 어떻게 연락할 수 있어?
B Here is my phone number.

A How can I reach you?
B 여기 내 전화번호야.

* Here is my phone number.는 '여기 내 전화번호야.'라는 뜻이에요. '여기 내 휴대폰 번호야.'는 Here is my cell phone number., '여기 내 주소야.'는 Here is my address.라고 하면 돼요.

 reach (전화상으로) 연락하다　get there 그곳에 도착하다　help 돕다　find 찾다　say 말하다
Here is... ~입니다, ~이 있습니다　phone number 전화번호

Day 40_267

복습문제편

40일 구성에 대한 연습문제를 수록했습니다.
패턴훈련편에서 공부한 내용을 제대로 이해했는지
실력을 확인해 보세요.
〈보기〉를 참고하여 문제를 풀어 봅시다.

Day 01

 〈보기〉를 참조하여 빈칸에 적절한 말을 적으세요.

> **보기** I'm a... 전 ~이에요 | I'm not a... 전 ~이 아니에요 | I'm... 전 ~해요 | I'm not...
> 전 ~ 안 해요, 전 ~하지 않아요 | I'm a+형용사... 전 ~한 …이에요

1 슬퍼.
　　　　　　 sad.

2 전 손님이에요.
　　　　　　　　　 guest.

3 행복하지 않아.
　　　　　　　　　 happy.

4 전 토니 김이에요.
　　　　　　 Tony Kim.

5 나 배 안 고파.
　　　　　　　　 hungry.

6 난 운전 잘해.
　　　　　　　　 good driver.

7 난 간호사가 아니야.
　　　　　　　　　　　 nurse.

8 피곤해.
　　　　 tired.

1 I'm | 2 I'm a | 3 I'm not | 4 I'm | 5 I'm not | 6 I'm a | 7 I'm not a | 8 I'm

Day 02

〈보기〉를 참조하여 빈칸에 적절한 말을 적으세요.

> **보기** I'm so… 매우 ~해요 | I'm really… 정말 ~해요 | I'm a little… 좀 ~해요 |
> I'm good at… ~을 잘해요 | I'm not good at… ~을 잘 못해요

1 지금 좀 바쁘거든.
   　　　　　　　　　　　　　　 busy now.

2 난 농구 잘해.
   　　　　　　　　　　　　　　 basketball.

3 정말 미안해.
   　　　　　　　　　 sorry.

4 난 테니스를 잘 쳐.
   　　　　　　　　　　　　　　 playing tennis.

5 너무 화가 나.
   　　　　　　　　　 angry.

6 너무 피곤해.
   　　　　　　　　 tired.

7 난 좀 키가 커.
   　　　　　　　　　　　 tall.

8 난 운전에는 자신 없어.
   　　　　　　　　　　　　　　　　　 driving.

1 I'm a little | 2 I'm good at | 3 I'm really | 4 I'm good at | 5 I'm so | 6 I'm so | 7 I'm a little | 8 I'm not good at

Day 03

<보기>를 참조하여 빈칸에 적절한 말을 적으세요.

> 보기
> I'm interested in… ~에 관심 있어요 | I'm not interested in… ~에 관심 없어요 |
> I'm worried about… ~이 걱정돼요 | I'm not worried about… ~에 대해 걱정 안 해요 | I'm tired of… ~이 지겨워요

1 난 이 수업에 질려 버렸어.
　　　　　　　　　　　　　　this class.

2 네 건강이 염려돼.
　　　　　　　　　　　　　　your health.

3 제 미래에 대해 걱정 안 해요.
　　　　　　　　　　　　　　my future.

4 난 폴에게는 관심 없어.
　　　　　　　　　　　　　　Paul.

5 이 영화에 관심 있어.
　　　　　　　　　　　　　　this movie.

6 일하는 게 지겨워.
　　　　　　　　　　　working.

7 유학 가는 게 걱정 안 돼요.
　　　　　　　　　　　　　　studying abroad.

8 내 아들이 걱정돼.
　　　　　　　　　　　my son.

1 I'm tired of | 2 I'm worried about | 3 I'm not worried about | 4 I'm not interested in | 5 I'm interested in | 6 I'm tired of | 7 I'm not worried about | 8 I'm worried about

Day 04

〈보기〉를 참조하여 빈칸에 적절한 말을 적으세요.

보기
I'm lucky to… ~해서 전 운이 좋아요, ~해서 다행이에요 | I'm sorry to… ~해서 죄송해요 |
I'm glad to… ~해서 기뻐요 | I'm ready to[for]… ~할 준비가 됐어요 |
I'm not ready to[for]… ~할 준비가 안 됐어요

1 안됐군요.
　　_____ hear that.

2 다시 만나서 반가워요.
　　_____ see you again.

3 떠날 준비가 됐어.
　　_____ leave.

4 그녀와 함께해서 기뻐요.
　　_____ be with her.

5 아직 메뉴를 못 정했어요.
　　_____ order yet.

6 귀찮게 해서 죄송해요.
　　_____ bother you.

7 신디를 만나게 되다니, 난 운이 좋아.
　　_____ meet Cindy.

8 난 외출할 준비가 안 되었어.
　　_____ go out.

1 I'm sorry to | 2 I'm glad to | 3 I'm ready to | 4 I'm glad to | 5 I'm not ready to | 6 I'm sorry to | 7 I'm lucky to | 8 I'm not ready to

273

Day 05 〈보기〉를 참조하여 빈칸에 적절한 말을 적으세요.

 I'm here to… ~하러 왔어요 | I'm about to… 막 ~하려던 참이에요 |
I'm able to… ~할 수 있어요 | I'm in… 전 ~한 상태예요, 전 ~ 안에 있어요 |
I'm (비교급) than… 전 …보다 더 ~해요

1 부산이야. (나 부산에 있어)
   _____ _____ Busan.

2 요리를 잘할 수 있어요.
   _____ _____ _____ cook well.

3 일본어 배우러 온 거야.
   _____ _____ _____ learn Japanese.

4 난 네 파티에 갈 수 있어.
   _____ _____ _____ go to your party.

5 막 점심 먹으려던 참이었어.
   _____ _____ _____ have lunch.

6 난 그 애보다는 더 똑똑해.
   _____ smarter _____ him.

7 운동하려던 참이었어.
   _____ _____ _____ exercise.

8 토니를 도우러 왔어요.
   _____ _____ _____ help Tony.

1 I'm in | 2 I'm able to | 3 I'm here to | 4 I'm able to | 5 I'm about to | 6 I'm / than | 7 I'm about to | 8 I'm here to

Day 06

〈보기〉를 참조하여 빈칸에 적절한 말을 적으세요.

> **보기**
> I'm just -ing 그냥 ~하는 거예요 | I'm not -ing ~하는 거 아니에요, ~하지 않을 거예요 |
> I'm going to… ~할 거예요, ~에 가는 중이에요 | I'm not going to… ~하지 않을 거예요 |
> I'm calling to… ~하려고 전화했어요

1. 그냥 TV 보고 있어.
   _____ _____ watching TV.

2. 마이크와 통화하려고 전화했어요.
   _____ _____ speak to Mike.

3. 난 운동 안 할 거야.
   _____ _____ _____ _____ exercise.

4. 난 홍콩으로 돌아갈 거야.
   _____ _____ _____ return to Hong Kong.

5. 지금 공부 안 하고 있어.
   _____ _____ studying now.

6. 도쿄에 가는 중이에요.
   _____ _____ Tokyo.

7. 난 이거 안 할 거야.
   _____ _____ _____ do this.

8. 그냥 농담한 거야.
   _____ _____ joking.

1 I'm just | 2 I'm calling to | 3 I'm not going to | 4 I'm going to | 5 I'm not | 6 I'm going to | 7 I'm not going to | 8 I'm just

275

Day 07

<보기>를 참조하여 빈칸에 적절한 말을 적으세요.

> 보기 I'm planning to… ~할 계획이에요, ~할 생각이에요 | I'm not planning to… ~할 계획은 없어요, ~할 생각은 아니에요 | I'm trying to… ~하려고 노력 중이에요 | I'm trying not to… ~하지 않으려고 노력 중이에요 | I'm not finished -ing ~이 안 끝났어요

1 이것에 대해 생각 안 하려고 해.
　　　　　　　　　　　　　think about this.

2 리처드를 만날 계획이에요.
　　　　　　　　　　　　　meet Richard.

3 아직 다 안 먹었어.
　　　　　　　　　　　　　eating yet.

4 차를 구입할 생각이에요.
　　　　　　　　　　　　　buy a car.

5 그녀를 잊으려고 해.
　　　　　　　　　　　　　forget her.

6 컴퓨터를 살 계획은 없어요.
　　　　　　　　　　　　　buy a computer.

7 토니에게 전화하려고 해요.
　　　　　　　　　　　　　call Tony.

8 그녀와 결혼할 생각은 아니에요.
　　　　　　　　　　　　　marry her.

1 I'm trying not to | 2 I'm planning to | 3 I'm not finished | 4 I'm planning to | 5 I'm trying to | 6 I'm not planning to | 7 I'm trying to | 8 I'm not planning to

Day 08

〈보기〉를 참조하여 빈칸에 적절한 말을 적으세요.

> **보기**
> I was... 전 ~했어요 | I was not... 전 ~하지 않았어요 | I was -ing 전 ~하고 있었어요 |
> I was going to... 전 ~하려고 했어요, 전 ~에 가는 중이었어요 | I was surprised to...
> ~해서 놀랐어요

1 피곤했어요.
    _____ _____ tired.

2 아침 먹고 있었어.
    _____ _____ having breakfast.

3 내가 옳았어.
    _____ _____ right.

4 네 이야기를 듣고 난 놀랐어.
    _____ _____ _____ _____ hear your story.

5 너에게 말하려고 했었어.
    _____ _____ _____ _____ tell you.

6 난 늦지 않았어.
    _____ _____ _____ late.

7 루시를 기다리고 있었어요.
    _____ _____ waiting for Lucy.

8 나 안 뚱뚱했어.
    _____ _____ _____ fat.

1 I was | 2 I was | 3 I was | 4 I was surprised to | 5 I was going to | 6 I was not | 7 I was | 8 I was not

〈보기〉를 참조하여 빈칸에 적절한 말을 적으세요.

> I want… ~을 원해요, ~하고 싶어요 | I don't want… ~을 원하지 않아요, ~하고 싶지 않아요 | I want to… ~하고 싶어요, ~하면 좋겠어요 | I don't want to… ~하고 싶지 않아요 | I just wanted to… 단지 ~하고 싶었을 뿐이에요

1 그저 널 기쁘게 해주고 싶었어.
　　_____ _____ _____ _____ please you.

2 그의 도움은 원치 않아.
　　_____ _____ his help.

3 난 네 도움이 필요해.
　　_____ _____ your help.

4 쇼핑하고 싶어요.
　　_____ _____ _____ go shopping.

5 커피 마시고 싶지 않은데.
　　_____ _____ _____ _____ drink coffee.

6 난 그저 혼자 여행하고 싶었을 뿐이야.
　　_____ _____ _____ _____ travel alone.

7 난 널 믿고 싶지 않아.
　　_____ _____ _____ _____ trust you.

8 난 진정한 친구를 원해.
　　_____ _____ a real friend.

1 | I just wanted to | 2 | I don't want | 3 | I want | 4 | I want to | 5 | I don't want to | 6 | I just wanted to | 7 | I don't want to | 8 | I want

Day 10

〈보기〉를 참조하여 빈칸에 적절한 말을 적으세요.

> **보기**
> I like… ~이 좋아요, ~이 마음에 들어요 | I like to…/-ing ~하길 좋아해요 | I don't like to…/-ing ~하는 거 안 좋아해요 | I didn't like to…/-ing ~하는 거 안 좋아했어요 | I would like to… ~하고 싶어요

1 혼자 술 마시는 거 안 좋아해.
   _____ drink alone.

2 난 쇼핑하는 걸 좋아해.
   _____ going shopping.

3 네 모자가 마음에 들어.
   _____ your hat.

4 지금 떠나고 싶어요.
   _____ leave now.

5 나 운동하는 거 좋아해.
   _____ work out.

6 운전하는 걸 안 좋아했어요.
   _____ driving.

7 외식하고 싶어.
   _____ eat out.

8 음악 듣는 걸 좋아하지 않아.
   _____ listening to music.

1 I don't like to | 2 I like | 3 I like | 4 I would like to | 5 I like to | 6 I didn't like | 7 I would like to | 8 I don't like

279

Day 11

<보기>를 참조하여 빈칸에 적절한 말을 적으세요.

보기 I have no… ~이 없어요 | I don't have… ~이 없어요 | I didn't have… ~이 없었어요 | I have to… ~해야 해요 | I don't have to… ~할 필요 없어요, ~하지 않아도 돼요

1 뭘 좀 먹어야 해.
　　　　　　　　　　　eat something.

2 여자친구 없어요.
　　　　　　　　　　　a girlfriend.

3 모르겠어.
　　　　　　　　　　　idea.

4 난 차가 없었단 말이야.
　　　　　　　　　　　a car.

5 난 서두를 필요가 없어.
　　　　　　　　　　　　　hurry.

6 자야 해.
　　　　　　　　　　　sleep.

7 난 넥타이를 안 매도 돼.
　　　　　　　　　　　　　wear a tie.

8 특별한 이유는 없어요.
　　　　　　　　　　　special reason.

1 I have to | 2 I don't have | 3 I have no | 4 I didn't have | 5 I don't have | 6 I have to | 7 I don't have to | 8 I have no

Day 12

<보기>를 참조하여 빈칸에 적절한 말을 적으세요.

> 보기   I think I… ~인 것 같아요 | I don't think I… ~인 것 같지 않아요 | I thought (that)…
> ~라고 생각했어요, ~인 줄 알았어요 | I know… ~을 알아요 | I don't know… ~을 몰라요

1 이것에 대해 아무것도 몰라요.
   _____ anything about this.

2 내가 그녀를 좋아하는 것 같진 않아.
   _____ like her.

3 내가 틀렸던 것 같은데.
   _____ was wrong.

4 당신 전화번호 몰라요.
   _____ your number.

5 난 테드 알아.
   _____ Ted.

6 내가 널 사랑하는 것 같아.
   _____ love you.

7 네가 옳았다고 생각했어.
   _____ (that) you were right.

8 그 애 주소를 알아.
   _____ his address.

1 | don't know | 2 | don't think I | 3 | think I | 4 | don't know | 5 | know | 6 | think I | 7 | thought | 8 | know

281

Day 13 〈보기〉를 참조하여 빈칸에 적절한 말을 적으세요.

> I felt... ~한 기분이 들었어요. (기분이) ~했어요 | I used to... (예전에) ~하곤 했어요 | I stopped -ing ~하는 거 그만뒀어요 | I heard... ~을 들었어요 | I forgot... ~을 잊었어요

1 여기서 일하는 거 그만뒀어요.
　　_____ _____ working here.

2 흥분했어.
　　_____ _____ excited.

3 전 예전에 요리사였어요.
　　_____ _____ _____ be a cook.

4 운동하는 거 그만뒀어요.
　　_____ _____ exercising.

5 네 전화번호 까먹었어.
　　_____ _____ your number.

6 슬펐어요.
　　_____ _____ sad.

7 그것에 대해 들었어.
　　_____ _____ about it.

8 예전에 이곳에서 수영하곤 했었지.
　　_____ _____ _____ swim here.

1 I stopped | 2 I felt | 3 I used to | 4 I stopped | 5 I forgot | 6 I felt | 7 I heard | 8 I used to

Day 14 〈보기〉를 참조하여 빈칸에 적절한 말을 적으세요.

 보기 | I can… ~할 수 있어요 | I can't… ~ 못해요 | I can't remember… ~이 기억이 안 나요, ~이 생각 안 나요 | I couldn't… ~ 할 수 없었어요 | Can I…? ~해도 돼요?

1 나 못 기다려.
　　_____ _____ wait.

2 그 애를 찾을 수가 없었어.
　　_____ _____ find him.

3 나 지금 가도 돼?
　　_____ _____ go now?

4 그녀 이름이 기억 안 나요.
　　_____ _____ _____ her name.

5 그를 기다릴 수 있어요.
　　_____ _____ wait for him.

6 난 널 도울 수가 없어.
　　_____ _____ help you.

7 나 중국어 할 줄 알아.
　　_____ _____ speak Chinese.

8 그의 얼굴이 생각이 안 나.
　　_____ _____ _____ his face.

1 I can't | 2 I couldn't | 3 Can I | 4 I can't remember | 5 I can | 6 I can't | 7 I can | 8 I can't remember

283

〈보기〉를 참조하여 빈칸에 적절한 말을 적으세요.

> 보기 I enjoy -ing ~이 즐거워요 | I feel like -ing ~하고 싶어요 | I don't have time to… ~할 시간이 없어요 | I don't mind -ing ~해도 상관없어요, ~해도 괜찮아요 | I will… ~할 거예요

1 난 서울 갈 거야.
   _____ _____ go to Seoul.

2 기다려도 난 상관없어.
   _____ _____ _____ waiting.

3 이 영화 보는 게 즐거워.
   _____ _____ watching this movie.

4 샤워하고 싶어요.
   _____ _____ _____ taking a shower.

5 난 옷 갈아입을 시간 없어.
   _____ _____ _____ _____ _____ change my clothes.

6 그녀를 용서할 거예요.
   _____ _____ forgive her.

7 영어 공부할 시간 없어.
   _____ _____ _____ _____ _____ study English.

8 그 애를 도와주는 거 난 괜찮거든.
   _____ _____ _____ helping him.

---

1 I will | 2 I don't mind | 3 I enjoy | 4 I feel like | 5 I don't have time to | 6 I will | 7 I don't have time to | 8 I don't mind

Day 16

<보기>를 참조하여 빈칸에 적절한 말을 적으세요.

> **보기** You're… 당신은 ~해요 | You're not… 당신은 ~하지 않아요 | You're so… 당신은 매우 ~해요 | You're a little… 당신은 좀 ~해요 | You're -ing 당신은 ~하는 거예요

1 넌 너무 말이 없어.
　　_____ _____ quiet.

2 넌 좀 지루해.
　　_____ _____ _____ boring.

3 넌 안 예뻐.
　　_____ _____ pretty.

4 넌 좀 게을러.
　　_____ _____ _____ lazy.

5 네 말이 맞아.
　　_____ right.

6 넌 매우 다정다감해.
　　_____ _____ gentle.

7 당신은 제게 거짓말하고 있어요.
　　_____ lying to me.

8 넌 정직하지 않아.
　　_____ _____ honest.

1 You're so | 2 You're a little | 3 You're not | 4 You're a little | 5 You're | 6 You're so | 7 You're | 8 You're not

Day 17

〈보기〉를 참조하여 빈칸에 적절한 말을 적으세요.

> 보기
> Are you a...? 당신은 ~이에요? | Are you...? 당신은 ~해요? | Aren't you...? 당신은 ~하지 않아요? | Are you really...? 정말 ~해요? | Are you good at...? 당신은 ~을 잘해요?

1 정말 피곤한 거야?
   ___ ___ ___ tired?

2 무서워?
   ___ ___ scared?

3 외롭지 않니?
   ___ ___ lonely?

4 당신은 선생님이에요?
   ___ ___ ___ teacher?

5 괜찮아?
   ___ ___ okay?

6 당신은 여행객이에요?
   ___ ___ ___ tourist?

7 넌 뭐든지 잘해?
   ___ ___ ___ ___ everything?

8 정말 목말라?
   ___ ___ ___ thirsty?

1 Are you really | 2 Are you | 3 Aren't you | 4 Are you a | 5 Are you | 6 Are you a | 7 Are you good at | 8 Are you really

Day 18

〈보기〉를 참조하여 빈칸에 적절한 말을 적으세요.

보기
Are you -ing? ~하고 있는 거예요?, ~할 거예요? | Are you going to…? ~할 거예요?, ~에 가는 중이에요? | Are you saying that…? ~이라는 말인가요? | Are you trying to…? ~하려고 노력 중이에요? | Are you planning to…? ~할 계획이에요?, ~할 거예요?

1 낚시하려고 그래?
　　　　　　　　　　　　　　　　　　　　　　　　go fishing?

2 중국어 배울 계획인가요?
　　　　　　　　　　　　　　　　　　　　　　　　learn Chinese?

3 담배 끊을 거야?
　　　　　　　　　　　　　　　　　　　　　　　　stop smoking?

4 내 말 듣고 있어?
　　　　　　　listening to me?

5 당신이 옳다는 말인가요?
　　　　　　　　　　　　　　　　　　　you're right?

6 그와 결혼할 계획이야?
　　　　　　　　　　　　　　　　　　　marry him?

7 그를 도와주려고 하는 거야?
　　　　　　　　　　　　　　　　　　　help him?

8 서울에 가는 중이야?
　　　　　　　　　　　　　　　　　　　Seoul?

1 Are you trying to | 2 Are you planning to | 3 Are you going to | 4 Are you | 5 Are you saying that | 6 Are you planning to | 7 Are you trying to | 8 Are you going to

Day 19 〈보기〉를 참조하여 빈칸에 적절한 말을 적으세요.

> 보기 Do you…? ~해요? | Don't you…? ~하지 않아요? | Did you…? ~했어요? |
> Do you like to…/-ing? ~하는 거 좋아해요? | Do you feel like -ing? ~할래요?, ~하고 싶어요?

1 그녀를 좋아하지 않나요?
　　_____ _____ like her?

2 재밌었어?
　　_____ _____ have fun?

3 집에 가고 싶어?
　　_____ _____ _____ _____ going home?

4 토니를 사랑해?
　　_____ _____ love Tony?

5 운동하고 싶지 않아?
　　_____ _____ want to exercise?

6 스페인어 할 줄 알아요?
　　_____ _____ speak Spanish?

7 그녀에게 전화했어?
　　_____ _____ call her?

8 야구 보는 걸 좋아해요?
　　_____ _____ _____ watching baseball?

1 Don't you | 2 Did you | 3 Do you feel like | 4 Do you | 5 Don't you | 6 Do you | 7 Did you | 8 Do you like

Day 20

〈보기〉를 참조하여 빈칸에 적절한 말을 적으세요.

> 보기
> Do you want…? ~을 원해요? | Do you want to…? ~하고 싶어요?, ~할래요? | Do you mind -ing? ~해도 괜찮겠어요? | Do you need…? ~이 필요해요? | Do you know…? ~ 알아요?

1 돈이 더 필요해?
   _____ _____ _____ more money?

2 그 애를 기다려도 괜찮겠어?
   _____ _____ _____ waiting for him?

3 내 이름 알아?
   _____ _____ _____ my name?

4 앉을래요?
   _____ _____ _____ sit?

5 이 차를 원해요?
   _____ _____ _____ this car?

6 일찍 떠나도 괜찮겠어요?
   _____ _____ _____ leaving early?

7 내 충고가 필요해?
   _____ _____ my advice?

8 잘래요?
   _____ _____ _____ sleep?

1 Do you need | 2 Do you mind | 3 Do you know | 4 Do you want to | 5 Do you want | 6 Do you mind | 7 Do you need | 8 Do you want to

Day 21

<보기>를 참조하여 빈칸에 적절한 말을 적으세요.

> Do you have…? ~ 있어요? | Did you have…? ~ 있었나요? | Don't you have…? ~ 있는 거 아니에요? | Do you have any…? 무슨 ~라도 있어요? | Do you have to…? ~해야 하나요?

1 무슨 특별한 계획이라도 있는 거야?
　_____ _____ _____ _____ special plans?

2 누구 만나야 해?
　_____ _____ _____ _____ meet someone?

3 데이트 있었어?
　_____ _____ _____ a date?

4 먹을 것 좀 있어?
　_____ _____ _____ something to eat?

5 돈 좀 있어?
　_____ _____ _____ money?

6 인터뷰 있는 거 아니야?
　_____ _____ _____ an interview?

7 일해야 해?
　_____ _____ _____ work?

8 아침 먹었어요?
　_____ _____ _____ breakfast?

1 Do you have any | 2 Do you have to | 3 Did you have | 4 Do you have any | 5 Do you have | 6 Don't you have | 7 Do you have to | 8 Did you have

Day 22 <보기>를 참조하여 빈칸에 적절한 말을 적으세요.

> You look… ~해 보여요 | You can… ~해도 돼요, ~할 수 있어요 | You'd better…
> ~하는 게 좋겠어요 | You should… ~해야 해요 | You shouldn't… ~하지 마세요, ~하면 안 돼요

1 언제든 전화해도 돼요.
   _____ _____ call me anytime.

2 넌 내 말 듣는 게 좋을 거야.
   _____ _____ listen to me.

3 오늘 초조해 보이는데.
   _____ _____ nervous today.

4 그러면 안 돼.
   _____ _____ do that.

5 실망스러워 보여요.
   _____ _____ disappointed.

6 이 시계 가져도 돼.
   _____ _____ keep this watch.

7 그녀에게 전화해야 해.
   _____ _____ call her.

8 이거 사지 마.
   _____ _____ buy this.

1 You can | 2 You'd better | 3 You look | 4 You shouldn't | 5 You look | 6 You can | 7 You should | 8 You shouldn't

Day 23

〈보기〉를 참조하여 빈칸에 적절한 말을 적으세요.

> 보기
> Can you…? ~해 줄래요? | Can't you…? ~할 수 없어요? | Can you give me…? ~ 좀 줄래요? | Can you tell me…? ~ 좀 말해 줄래요?, ~을 알려 줄래요? | Could you…? ~해 주시겠어요?

1 천천히 말씀해 주시겠어요?
　　　　　　　　　　speak slowly?

2 명함 좀 줄래요?
　　　　　　　　　　　　　　your business card?

3 조용히 좀 해주시겠어요?
　　　　　　be quiet, please?

4 제가 어디에 있는지 말해 줄래요?
　　　　　　　　　　　　　where I am?

5 이것 좀 들어 줄래요?
　　　　　　hold this, please?

6 당신 열쇠 좀 주시겠어요?
　　　　　　　　　　　　your key?

7 날 기다릴 수 없어?
　　　　　wait for me?

8 주소 좀 알려 줄래요?
　　　　　　　　　　　your address?

1 Could you | 2 Can you give me | 3 Could you | 4 Can you tell me | 5 Can you | 6 Can you give me | 7 Can't you | 8 Can you tell me

Day 24

〈보기〉를 참조하여 빈칸에 적절한 말을 적으세요.

> 보기
>
> Would you…? ~해 주시겠어요? | Would you mind -ing? ~해도 괜찮겠어요?, ~해 주시겠어요? | Would you like…? ~하시겠어요?, ~ 좀 드릴까요? | Would you like to…? ~하시겠어요? | Would you like me to…? 제가 ~해 드릴까요?

1 여기 앉으시겠어요?
　　　　　　　　　　　　　　　　　　　　　　　sit here?

2 창문 닫아 주시겠어요?
　　　　　　　　　　　　　closing the window?

3 문 닫아 주시겠어요?
　　　　close the door?

4 먹을 것 좀 드릴까요?
　　　　　　something to eat?

5 제가 그녀를 도와드릴까요?
　　　　　　　　　　help her?

6 주문하시겠어요?
　　　　　　　　order?

7 제가 밖에서 기다릴까요?
　　　　　　　　　　　wait outside?

8 커피 한잔 하시겠어요?
　　　　　a cup of coffee?

1 Would you like to | 2 Would you mind | 3 Would you | 4 Would you like | 5 Would you like me to | 6 Would you like to | 7 Would you like me to | 8 Would you like

Day 25

〈보기〉를 참조하여 빈칸에 적절한 말을 적으세요.

> 보기
>
> Have you...? ~했어요?, ~해 봤어요? | Have you heard...? ~ 들었어요? | Have you seen...? ~을 본 적 있어요? | Have you done...? ~ 다 했어요? | Have you ever...? ~해 본 적 있어요?

1 그녀와 얘기 나눈 적 있어?
   ___ ___ ___ talked to her?

2 토니를 봤어요?
   ___ ___ ___ Tony?

3 일 다 끝냈어?
   ___ ___ ___ your work?

4 내 가방 봤니?
   ___ ___ ___ my bag?

5 이것에 대해 들었어요?
   ___ ___ ___ about this?

6 뉴욕에 가 본 적 있어?
   ___ ___ ___ been to New York?

7 몰리한테 소식 있었어?
   ___ ___ ___ from Molly?

8 마이클에게 전화했어?
   ___ ___ called Michael?

1 Have you ever | 2 Have you seen | 3 Have you done | 4 Have you seen | 5 Have you heard | 6 Have you ever | 7 Have you heard | 8 Have you

294

Day 26 〈보기〉를 참조하여 빈칸에 적절한 말을 적으세요.

> 보기   It's... ~해요 | It's too... 너무 ~해요 | It's a little... 좀 ~해요 | It's worth... ~할 가치가 있어요 | It's going to... ~할 거예요

1 오늘 밤에 비가 내릴 거야.
   _____ _____ _____ rain tonight.

2 살 만한 가치가 있어요.
   _____ _____ buying.

3 너무 추워.
   _____ _____ cold.

4 돈이 아깝지 않아.
   _____ _____ the money.

5 좀 혼란스러워.
   _____ _____ _____ confusing.

6 지루해.
   _____ boring.

7 좀 바람이 부네.
   _____ _____ _____ windy.

8 너무 일러.
   _____ _____ early.

1 It's going to | 2 It's worth | 3 It's too | 4 It's worth | 5 It's a little | 6 It's | 7 It's a little | 8 It's too

Day 27 〈보기〉를 참조하여 빈칸에 적절한 말을 적으세요.

> It's…, isn't it? ~하죠, 그렇지 않아요? / ~하죠, 안 그래요? | It looks… ~해 보여요 | It looks like… ~처럼 보여요, ~인 것 같아요 | It doesn't… ~하지 않아요 | Does it…? 그거 ~해요?

1 그렇게 보여요?
　　_____ _____ look that way?

2 공처럼 보여.
　　_____ _____ _____ a ball.

3 흥미진진해 보여.
　　_____ _____ exciting.

4 맛있어?
　　_____ _____ taste delicious?

5 재미있네요, 그렇지 않아요?
　　_____ interesting, _____ _____?

6 새처럼 보이는데.
　　_____ _____ _____ a bird.

7 그렇게 많은 비용이 들지는 않아.
　　_____ _____ cost too much.

8 춥네, 안 그래?
　　_____ cold, _____ _____?

1 Does it | 2 It looks like | 3 It looks | 4 Does it | 5 It's / isn't it | 6 It looks like | 7 It doesn't | 8 It's / isn't it

Day 28

<보기>를 참조하여 빈칸에 적절한 말을 적으세요.

> 보기 Is it really…? 정말 ~해요? | Isn't it…? ~ 아니에요?, ~하지 않아요? | Isn't there…? ~이 있지 않나요? | Is it okay if I…? ~해도 될까요? | Is it all right to…? ~해도 괜찮을까요?

1 제 친구를 데려가도 괜찮아요?
　　_____ _____ _____ _____ _____ bring my friend?

2 싸지 않니?
　　_____ _____ cheap?

3 정말 비싸?
　　_____ _____ _____ expensive?

4 은행 있지 않니?
　　_____ _____ a bank?

5 지금 가도 돼요?
　　_____ _____ _____ _____ _____ leave now?

6 이 모자 좀 빌려도 될까요?
　　_____ _____ _____ _____ _____ _____
borrow this hat?

7 정말 달라?
　　_____ _____ _____ different?

8 전화해도 괜찮아요?
　　_____ _____ _____ _____ call you?

---

1 Is it all right to | 2 Isn't it | 3 Is it really | 4 Isn't there | 5 Is it okay if I | 6 Is it okay if I | 7 Is it really | 8 Is it all right to

Day 29 〈보기〉를 참조하여 빈칸에 적절한 말을 적으세요.

 This is… 이건 ~예요, 이건 ~해요 | That's… 그건 ~예요, 그건 ~해요 | Is this your…? 이거 당신 ~인가요? | There is[are]… ~[들]이 있어요 | There is no… ~이 없어요

1 그건 말도 안 돼.
   _____ nonsense.

2 이곳이 내 집이야.
   _____ _____ my place.

3 외인이 없어요.
   _____ _____ _____ wine.

4 이쪽이 제 부인이에요.
   _____ _____ my wife.

5 돈 없어.
   _____ _____ _____ money.

6 그건 내 책이야.
   _____ my book.

7 이거 네 컴퓨터야?
   _____ _____ _____ computer?

8 버스 정류장이 있어요.
   _____ _____ a bus stop.

1 That's | 2 This is | 3 There is no | 4 This is | 5 There is no | 6 That's | 7 Is this your | 8 There is

Day 30 〈보기〉를 참조하여 빈칸에 적절한 말을 적으세요.

보기: Don't... ~하지 마요 | Don't be so... 너무 ~하지 마요, 그렇게 ~하지 마요 | Stop -ing ~ 좀 하지 마요, ~ 좀 그만해요 | Let's... ~합시다 | Let me... 제가 ~할게요

1. 함께 술 마시자.
   _____ drink together.

2. 그런 말 하지 마.
   _____ say that.

3. 너무 실망하지 마.
   _____ _____ _____ disappointed.

4. 저 좀 가만히 내버려 두세요.
   _____ _____ be alone.

5. 이거 먹지 마.
   _____ eat this.

6. 춤추자.
   _____ dance.

7. 그 여자한테 전화 좀 그만해.
   _____ calling her.

8. 너무 늦지 마.
   _____ _____ _____ late.

1 Let's | 2 Don't | 3 Don't be so | 4 Let me | 5 Don't | 6 Let's | 7 Stop | 8 Don't be so

Day 31

〈보기〉를 참조하여 빈칸에 적절한 말을 적으세요.

보기 Who…? 누가 ~? | Who is…? ~은 누구예요? | Who is your…? 당신의 ~은 누구예요? | Who is your favorite…? 가장 좋아하는 ~은 누구죠? | Whose… is this[that]? 이게[저게] 누구의 ~예요?

1 그녀는 누구죠?
   _____ _____ she?

2 이 우산은 누구 거예요?
   _____ umbrella _____ _____ ?

3 누가 알아?
   _____ knows?

4 누가 네 남자친구지?
   _____ _____ _____ boyfriend?

5 제일 좋아하는 농구 선수가 누구예요?
   _____ _____ _____ _____ basketball player?

6 다음은 누구야?
   _____ _____ next?

7 당신 파트너가 누구예요?
   _____ _____ _____ partner?

8 저거 누구 컵이야?
   _____ cup _____ _____ ?

1 Who is | 2 Whose / is this | 3 Who | 4 Who is your | 5 Who is your favorite | 6 Who is | 7 Who is your | 8 Whose / is that

Day 32

〈보기〉를 참조하여 빈칸에 적절한 말을 적으세요.

보기 Who do you…? 누구를 ~해요? | Who did you…? 누구에게 ~했어요?, 누구를 ~했어요? | Who will…? 누가 ~할 거예요? | Who can…? 누가 ~할 수 있어요? | Who wants to…? ~할 사람?

1 너 지금 누굴 좋아해?
　　_____ like now?

2 농구 할 사람?
　　_____ play basketball?

3 어제 누구에게 전화했어요?
　　_____ call yesterday?

4 아침 먹을 사람?
　　_____ have breakfast?

5 누가 날 도울 수 있지?
　　_____ help me?

6 누가 그곳에 갈 거야?
　　_____ go there?

7 누구랑 저녁 먹었어?
　　_____ have dinner with?

8 누굴 사랑해?
　　_____ love?

1 Who do you | 2 Who wants to | 3 Who did you | 4 Who wants to | 5 Who can | 6 Who will | 7 Who did you | 8 Who do you

Day 33

<보기>를 참조하여 빈칸에 적절한 말을 적으세요.

> 보기
> Where is[are]…? ~은 어디에 있어요? | Where are you -ing? 어디서 ~할 거예요?, 어디서 ~하는 거예요? | Where can I…? 어디서 ~할 수 있죠? | Where do you…? 어디서 ~해요? | Where did you…? 어디서 ~했어요?

1 년 아침을 어디서 먹어?
　　☐☐☐ have breakfast?

2 지난밤 어디 갔었어?
　　☐☐☐ go last night?

3 어디 출신이야?
　　☐☐☐ come from?

4 그는 어디에 있어요?
　　☐☐ he?

5 그들을 어디서 찾을 수 있어?
　　☐☐☐ find them?

6 오늘 밤 어디로 가?
　　☐☐☐ going tonight?

7 여기가 어디죠?
　　☐☐ we?

8 그거 어디서 구입할 수 있죠?
　　☐☐☐ buy that?

1 Where do you | 2 Where did you | 3 Where do you | 4 Where is | 5 Where can I | 6 Where are you | 7 Where are | 8 Where can I

302

Day 34

〈보기〉를 참조하여 빈칸에 적절한 말을 적으세요.

보기 When is...? ~은 언제죠? | When is your...? 당신의 ~은 언제죠? | When are you -ing? 언제 ~할 거예요? | When are you going to...? 언제 ~할 거예요? | When can I...? 언제 ~할 수 있어요?

1 내가 너에게 언제 연락할 수 있지?
　　　　　　　　　　　　　reach you?

2 언제 이사 가는데?
　　　　　　　　　　　　　moving?

3 여길 언제 떠날 거야?
　　　　　　　　　　　　　leaving here?

4 여름휴가가 언제예요?
　　　　　　　　　　　　　summer vacation?

5 그녀의 생일이 언제야?
　　　　　　　her birthday?

6 다음 수업은 언제야?
　　　　　　　　　　next class?

7 모임이 언제야?
　　　　　the meeting?

8 중국은 언제 방문할 거예요?
　　　　　　　　　　　　　　　　　　
visit China?

1 When can I | 2 When are you | 3 When are you | 4 When is your | 5 When is | 6 When is your | 7 When is | 8 When are you going to

Day 35

〈보기〉를 참조하여 빈칸에 적절한 말을 적으세요.

> **보기**
> When do you…? 언제 ~해요? | When did you…? 언제 ~했어요? | When do you plan to…? 언제 ~할 계획이에요? | When can you…? 언제 ~할 수 있어요? | When should I…? 언제 ~해야 하죠?

1 언제 너에게 점심 사 줘야 하는 거야?
　　☐☐☐ buy you lunch?

2 그에게 언제 전화할 수 있어?
　　☐☐☐ call him?

3 언제 부산으로 떠날 계획인데?
　　☐☐☐☐☐ leave for Busan?

4 그녀와는 언제 연락했어?
　　☐☐☐ contact her?

5 나 언제 돌아가야 해?
　　☐☐☐ get back?

6 일은 언제 해?
　　☐☐☐ work?

7 언제 날 도와줄 수 있어요?
　　☐☐☐ help me?

8 술은 언제 끊었어요?
　　☐☐☐ stop drinking?

1 When should I | 2 When can you | 3 When do you plan to | 4 When did you | 5 When should | 6 When do you | 7 When can you | 8 When did you

Day 36

〈보기〉를 참조하여 빈칸에 적절한 말을 적으세요.

> 보기
> Why do you…? 왜 ~해요? | Why did you…? 왜 ~했어요? | Why didn't you…? 왜 ~ 안 했어요? | Why are you…? 왜 ~해요? | Why are you -ing? 왜 ~하고 있는 거예요?

1 여기서 운동은 왜 하고 있어?
　　　　　　　　　　　　exercising here?

2 너 왜 그렇게 걱정해?
　　　　　　　　　　　　so worried?

3 왜 슬픈 거니?
　　　　　　　　　　　　feel sad?

4 왜 늦게 일어났던 거야?
　　　　　　　　　　　　get up late?

5 넥타이는 왜 안 했어?
　　　　　　　　　　　　wear a tie?

6 왜 그녀를 좋아해?
　　　　　　　　　　　　like her?

7 내게 왜 거짓말했어?
　　　　　　　　　　　　lie to me?

8 왜 기분이 나빠?
　　　　　　　　　　　　upset?

1 Why are you | 2 Why are you | 3 Why do you | 4 Why did you | 5 Why didn't you | 6 Why do you | 7 Why did you | 8 Why are you

Day 37

〈보기〉를 참조하여 빈칸에 적절한 말을 적으세요.

> **보기**
> What is...? ~이 뭐예요? | What's your...? 당신의 ~이 뭐예요? | What's your favorite...? 가장 좋아하는 ~이 뭐예요? | What are you -ing? 무엇을 ~하고 있어요? | What are you going to...? 무엇을 ~할 건가요?

1. 당신 문제가 뭐예요?
   _____ _____ problem?

2. 저녁으로 뭐 드실 건가요?
   _____ _____ _____ _____ have for dinner?

3. 그녀 이름이 뭐야?
   _____ _____ her name?

4. 이게 뭐야?
   _____ _____ this?

5. 가장 좋아하는 계절이 뭐예요?
   _____ _____ _____ season?

6. 지금 뭐 먹고 있는 거야?
   _____ _____ _____ eating now?

7. 네 전화번호가 어떻게 돼?
   _____ _____ phone number?

8. 가장 좋아하는 영화가 뭐야?
   _____ _____ _____ movie?

1 What's your | 2 What are you going to | 3 What is | 4 What is | 5 What's your favorite | 6 What are you | 7 What's your | 8 What's your favorite

〈보기〉를 참조하여 빈칸에 적절한 말을 적으세요.

> 보기
>
> What do you…? 무엇을 ~해요? | What did you…? 무엇을 ~했어요? | What do you think of…? ~은 어때요?, ~을 어떻게 생각해요? | What should I…? 뭘 ~해야 하죠? | What about…? ~ 어때요?

1 뭘 사야 하지?
   _____ buy?

2 뭘 먹고 싶어?
   _____ want to eat?

3 오늘 밤은 어때?
   _____ tonight?

4 그의 제안을 어떻게 생각해요?
   _____ his suggestion?

5 뭘 배웠어?
   _____ learn?

6 축구 하는 거 어때요?
   _____ playing soccer?

7 혼자 여행하는 거 어떻게 생각해요?
   _____ traveling alone?

8 지금 뭐가 필요해요?
   _____ need now?

1 What should I | 2 What do you | 3 What about | 4 What do you think of | 5 What did you | 6 What about | 7 What do you think of | 8 What do you

Day 39

〈보기〉를 참조하여 빈칸에 적절한 말을 적으세요.

> **보기**
> How is…? ~은 어때요?, ~은 어떻게 지내요? | How was your…? ~은 어땠어요? |
> How are you going to…? 어떻게 ~할 거예요? | How much is…? ~은 얼마예요?
> | How about…? ~이 어때요?, ~하는 게 어때요?

1 시험은 어땠어?
   _____ _____ _____ test?

2 이 우산 얼마죠?
   _____ _____ _____ this umbrella?

3 아버님은 어떻게 지내셔?
   _____ _____ your father?

4 신디는 어때요?
   _____ _____ Cindy?

5 머리 자르는 데 얼마죠?
   _____ _____ _____ a haircut?

6 일본 음식 어때요?
   _____ _____ Japanese food?

7 네 생일날 어땠어?
   _____ _____ _____ birthday?

8 이걸 어떻게 설명할 거예요?
   _____ _____ _____ _____ _____ explain this?

1 How was your | 2 How much is | 3 How is | 4 How is | 5 How much is | 6 How about | 7 How was your | 8 How are you going to

Day 40

〈보기〉를 참조하여 빈칸에 적절한 말을 적으세요.

> 보기
> How do you...? 어떻게 ~해요? | How do you like...? ~은 어때요?, ~은 어떻게 해 드릴까요? | How often do you...? 얼마나 자주 ~하세요? | How should I...? 어떻게 ~해야 하죠? | How can I...? 어떻게 ~할 수 있어요?

1 얼마나 자주 여자친구한테 전화해?
   _____ _____ _____ _____ call your girlfriend?

2 내가 어떻게 그녀와 연락할 수 있어?
   _____ _____ _____ reach her?

3 얼마나 자주 운동해?
   _____ _____ _____ _____ exercise?

4 이 콘서트 어때?
   _____ _____ _____ _____ this concert?

5 어떻게 그녀를 알아요?
   _____ _____ _____ know her?

6 계란은 어떻게 해 드릴까요?
   _____ _____ _____ _____ your eggs?

7 그곳에 어떻게 가야 해?
   _____ _____ _____ get there?

8 화장실을 어떻게 찾죠?
   _____ _____ _____ find the restroom?

1 How often do you | 2 How can I | 3 How often do you | 4 How do you like | 5 How do you | 6 How do you like | 7 How should I | 8 How can I

309